LA PLENITUD SEXUAL EN EL MATRIMONIO

Herbert J. Miles

Vida

DEDICADOS A LA EXCELENCIA

La misión de Editorial Vida es proporcionar los recursos necesarios a fin de alcanzar a las personas para Jesucristo y ayudarlas a crecer en su fe.

ISBN 0-8297-0341-1
Categoría: Vida cristiana/Sexualidad

Este libro fue publicado en inglés con el título
Sexual Happiness in Marriage
por Zondervan Publishing House

Traducido por Luis Magín Álvarez

Edición en español
© 1997 EDITORIAL VIDA
Deerfield, Florida 33442-8134

02   03   *   7   6   5   4   3

Dedicado a las ciento cincuenta y una parejas universitarias que pidieron asesoramiento prematrimonial y que con valentía llenaron los cuestionarios de investigación después de casarse y mostraron la fe que tenían en mí y su preocupación por el progreso de la familia cristiana.

Índice

Prólogo 7

Prefacio a la primera edición 9

Prefacio a la segunda edición 15

Prefacio a la tercera edición 17

1. El sexo como siervo del cristianismo 19

2. Una interpretación cristiana del sexo en el matrimonio . . 29

3. Los órganos reproductores y sexuales 52

4. Métodos básicos de ajuste sexual en el matrimonio 62

5. La luna de miel: las primeras experiencias sexuales 81

6. La planificación familiar mediante el uso
   de anticonceptivos 99

7. El ajuste sexual insatisfactorio en el matrimonio 113

8. Expectativas sexuales en el matrimonio 124

9. El problema de las relaciones extraconyugales 129

10. El sexo oral-genital en el matrimonio 136

11. Cómo mantener frescos e interesantes el matrimonio
    y el sexo 142

Apéndice I: Descripción de los métodos de investigación . . . 147

Apéndice II: Cuestionario de investigación con porcentajes
             y promedios 150

Apéndice III: Algunas sugerencias para los pastores y otros
              consejeros 169

Prólogo

A los pastores y a los consejeros cristianos se les busca con frecuencia para pedirles ayuda en cuanto a la interpretación cristiana del ajuste sexual en el matrimonio. Este libro enfoca este importante asunto de manera reverente y útil. El autor es profesor de sociología de la Universidad Carson-Newman y escribe esta obra desde un punto de vista netamente cristiano, habiendo obtenido una maestría en teología en el Seminario Teológico Bautista del Suroeste de los Estados Unidos.

Tanto para las parejas comprometidas para casarse, como para las casadas, todavía prevalece una densa nube de ignorancia y de interpretaciones equivocadas acerca del significado cristiano del sexo en el matrimonio. Se ha expresado con frecuencia la necesidad de un manual como éste, diseñado para ayudar a las personas desde una perspectiva netamente cristiana. Este libro, que hace una investigación cuidadosa del asunto, será bien recibido tanto por líderes cristianos dedicados al asesoramiento prematrimonial, como por las parejas cristianas que sienten la necesidad de recibir ayuda específica en cuanto a los aspectos sexuales del matrimonio.

Toda pareja cristiana debe evaluar la satisfacción mutua de su relación sexual, claro está, pero no por las normas artificiales de la excelencia, sino a través de la satisfacción de sus necesidades mutuas dentro de los límites fundamentales dados por Dios. Este manual para el matrimonio está diseñado, como ninguno, para ayudar seria y profundamente al pueblo cristiano en general. Es mi esperanza que este libro contribuya de manera significativa a alcanzar una mejor comprensión del significado cristiano del sexo.

Foy Valentine
Secretario Ejecutivo de la Comisión de Vida
Cristiana de la Convención Bautista del Sur de los
Estados Unidos, 1966

Prefacio a la primera edición

Por muchas generaciones, las iglesias cristianas han dejado la enseñanza sexual a otras personas y grupos de la sociedad. Por lo general, el médico ha sido aceptado como la mejor autoridad en asuntos relacionados con el sexo. Los investigadores médicos se han propuesto conquistar las enfermedades físicas que atacan al cuerpo humano, y han tenido un éxito asombroso en sus esfuerzos. Pero parece evidente que en su necesaria preocupación por las enfermedades físicas han dejado un poco de lado el aspecto sexual de la vida humana. Mientras tanto, nuestra sociedad se ha vuelto más consciente del hecho de que el sexo no es sólo algo físico. El sexo es físico, pero es al mismo tiempo algo espiritual, emocional, mental y social. La ciencia médica habla con toda autoridad de los aspectos físicos del sexo, pero los demás aspectos en su mayoría quedan fuera de la esfera fundamental de responsabilidad asumida por la ciencia médica.

Como resultado de esta mayor conciencia en cuanto a los aspectos no físicos del sexo, han surgido en las últimas dos décadas un nuevo grupo de especialistas de la conducta humana que han tomado el liderazgo con respecto a la vida sexual. Entre estos especialistas hay consejeros matrimoniales, psicólogos, sociólogos, trabajadores sociales, pastores y psiquiatras, quienes han hecho importantes progresos en cuanto a promover la vida sexual normal en el matrimonio. Esto es especialmente verdad en el caso de la *American Association of Marriage and Family Counselors* [Asociación norteamericana de consejeros familiares y matrimoniales] que ha proporcionado el liderazgo organizado para encabezar esta importante transición social. Es obvio que la complejidad de la conducta humana, y los problemas que se relacionan con ella, hace necesaria esta nueva división del trabajo. Durante esta transición, la investigación socio-

.ca y psicológica, en cooperación con un movimiento cultural secular, ha puesto en el tapete el asunto del sexo, haciendo que éste sea discutido pública y libremente.

En esta transición ha surgido un problema fundamental. Este problema no es que el sexo sea considerado ahora un tema legítimo de investigación, ni tampoco el hecho de que los especialistas estén ofreciendo asesoramiento en cuestiones sexuales. Más bien, el problema fundamental es el hecho de que los sistemas de comunicación y muchos otros grupos interesados están explotando el sexo para obtener beneficios económicos. Además, muchos charlatanes y otros farsantes jactanciosos están explotando el sexo para obtener dinero fácil y para la propia gratificación egoísta. Esta explotación ha enturbiado las aguas. Fundamentalmente, ha sido un ataque de frente contra los conceptos del cristianismo histórico en cuanto al matrimonio y la sexualidad. Como resultado de esto, miles de adultos y jóvenes están frustrados y confundidos en cuanto al significado, la función y el propósito de su naturaleza sexual.

Debido a este problema fundamental que ha surgido de la transición social que se ha visto en las últimas dos décadas, la comunidad cristiana ha lanzado un considerable contraataque. El elemento principal de este contraataque ha sido la producción de muchos artículos, folletos y libros por líderes cristianos capaces, diseñados para divulgar el plan creativo de Dios para la sexualidad en el matrimonio, la familia y la comunidad. La mayoría de esos escritos son de excelente calidad y están plenamente de acuerdo con la corriente principal del programa misionero redentor expresado en el cristianismo neotestamentario en la actualidad. Estos autores suponen correctamente que los líderes cristianos redimidos están en una posición óptima para entender e interpretar el propósito del sexo en el plan creativo de Dios.

El punto más débil de este contraataque hasta ahora, es que no hemos logrado mucho. Por mucho tiempo hemos sido mayormente teóricos, utilizando un lenguaje preciso y hermoso acerca de Dios y del sexo, pero hemos fallado en el objetivo preciso de aplicar estos conceptos teóricos a las situaciones reales de la vida en el campo de la enseñanza prematrimonial y del asesoramiento. Hasta la fecha no se ha publicado ni un solo libro que tenga un marco de referencia netamente bíblico, que ofrezca los detalles de las actitudes y técnicas necesarias para un buen ajuste sexual en el matrimonio. Todos los manuales que tratan acerca del ajuste sexual en el matrimonio son seculares; es decir, no se han escrito desde un punto de vista netamente cristiano. Por tanto, proponemos que los pastores y otros consejeros cristianos apliquen nuestra teoría cristiana del sexo a las situaciones reales de la vida. Recomendamos que las iglesias, los pastores y demás líderes cristianos asuman la responsabilidad de ofrecer un asesoramiento prematrimonial adecuado en el campo del ajuste sexual en el matrimonio.

Este libro tiene el propósito de animar a que se tome el próximo paso lógico en el contraataque. Las normas ascéticas del pasado se deben reemplazar por las normas cristianas. Debemos hablar de manera clara, usando palabras concretas y sinceras. Debemos reclamar para el cristianismo al sexo en el matrimonio. Debemos relacionar el don maravilloso del sexo con los propósitos de Dios. El propósito de Dios para su pueblo (no el propósito de Satanás) es que el pueblo de Dios experimente la satisfacción más completa en todos los aspectos del presente orden creado.

En los capítulos que siguen, la consideración del ajuste sexual en el matrimonio gira en torno a cuatro ideas: (1) la teoría cristiana, (2) cómo proceder de manera apropiada, (3) las técnicas apropiadas, y (4) los datos objetivos de la investigación hecha por el autor. El capítulo 1 presenta los antecedentes y el enfoque para el estudio de la sexualidad en el matrimonio. El capítulo 2 es una presentación de las actitudes y técnicas que tienen que ver con el sexo desde el punto de vista bíblico y cristiano. El capítulo 3 es una breve descripción de los órganos reproductores y sexuales del hombre y de la mujer y de las funciones de estos órganos. Los capítulos 4 y 5 presentan las técnicas fundamentales para lograr un buen ajuste sexual en el matrimonio. El capítulo 6 trata de la planificación familiar mediante el uso de medios anticonceptivos. El capítulo 7 se ocupa de las causas del ajuste sexual deficiente.

El Apéndice I describe los métodos de investigación utilizados en nuestro estudio del ajuste sexual de ciento cincuenta y una parejas a las que se les dio asesoramiento prematrimonial. El Apéndice II contiene el cuestionario de investigación con los resultados tabulados en porcentajes y promedios. El Apéndice III resume algunas sugerencias específicas que los pastores y demás líderes cristianos pueden utilizar en un programa de capacitación y asesoramiento en la iglesia.

Estoy en deuda con decenas de personas que han hecho muchas contribuciones a la redacción de este libro. Reconozco con gratitud esta deuda. Además, le doy las gracias a mis maestros, T. B. Maston, H. E. Dana, W. T. Conner, Olin T. Binkley y Wayne E. Oates, quienes me proporcionaron los fundamentos sociológicos y teológicos prácticos que han sido de inestimable ayuda en el desarrollo de una teoría viable para el matrimonio y la vida familiar. También me fueron de ayuda un gran número de estudiosos contemporáneos que han encabezado el actual movimiento para reclamar el sexo para el cristianismo. Los escritos y las lecturas de David Mace, Paul Popenoe, Judson Landis, C. W. Scudder, Lofton Hudson, Peter A. Bertocci, Otto A. Piper, Sylvanus M. Duvall y Evelyn Mills Duvall han sido de continua inspiración para mí.

Estoy profundamente agradecido a los que me ayudaron en la formulación del proyecto de investigación y su correspondiente cuestionario, y que leyeron todo o parte del manuscrito e hicieron valiosas sugerencias. Ellos son: el profesor Ray F. Koonce, psicólogo y consejero; el doctor Gary E. Farley, sociólogo; el doctor Nat C. Bettis, profesor de Biblia; el doctor Wade E. Darby, pastor; el doctor William E. Crane, consejero matrimonial; el doctor Olin T. Binkley, rector de un seminario; el doctor J. B. Sams, médico y cirujano; el doctor Robert Zondervan, psiquiatra; la señora Audra Trull, esposa de pastor; la señora Jacqueline Farley, enfermera titulada; y la señora Betty H. Cleveland, enfermera titulada.

Estoy en deuda con once estudiantes de sociología de Carson-Newman: Roy Ellis, Charles Jones, Tom Bailey, Bill Amos, Bob Landes, Eddie Blount, Rick Teal, William Gillet, Glen Grubb, Vernon Johnston y Charles Kratz, que me ayudaron en nuestro laboratorio de investigación sociológica.

Estoy, asimismo, agradecido a seis secretarias: señora Delores Ellis, señora Jean Billington, señora Harriet Blount, señora Ruth Givins, señora Joyce Smith y señora Becky Teague, que tuvieron una cuidadosa atención en la preparación de la investigación y del manuscrito. También le estoy humildemente agradecido a mi esposa, quien leyó varias veces el manuscrito e hizo muchas sugerencias valiosas. No encuentro las palabras adecuadas para expresarle mi agradecimiento por todas sus ideas, simpatía y comprensión.

Herbert J. Miles
Profesor de sociología
Universidad Carson-Newman
Abril de 1966

Prefacio a la segunda edición

Este libro va dirigido a cuatro grupos de personas: (1) a las parejas que se encuentran en preparación para el matrimonio; (2) a las parejas de casados que quizá tengan algunos problemas en el plano sexual; (3) a las parejas casadas que quisieran mantener su amor vivo, fresco y en crecimiento; y (4) a los pastores, al personal administrativo y directivo de las iglesias, y a a los líderes denominacionales y líderes religiosos laicos que con frecuencia llevan a cabo alguna clase de asesoramiento sexual. Este libro constituye un esfuerzo por ayudar a estos grupos de personas a alcanzar la perspectiva bíblica, desarrollar actitudes realistas y a hacer juicios cristianos válidos con respecto al ajuste sexual en el matrimonio. En el pasado, los mitos tradicionales han corroído el pensamiento, distorsionado las perspectivas y socavado la motivación de las personas relacionadas con la iglesia en lo que respecta al sexo en la vida humana. Se espera que los lectores serán retados (1) a pensar acerca del plan de Dios para el sexo en el matrimonio; (2) a reexaminar sus propias presuposiciones (en ocasiones producto de la tradición); y (3) a relacionar lo aprendido a sus propias motivaciones, decisiones y normas de conducta en cuanto al sexo.

El manuscrito original fue terminado en abril de 1966. Durante los pasados diez años han aparecido muchos datos científicos como resultado de la investigación y del asesoramiento matrimonial. Se han hecho todos los esfuerzos por actualizar este libro para que refleje el pensamiento actual de los especialistas en vida familiar. En los últimos diez años ha habido un importante movimiento en cuanto a la educación sexual en la mayoría de los grupos cristianos, tanto en la teoría como en la práctica. Este adelanto en cuanto a educación sexual ha surgido dentro del marco del énfasis especial que se la ha dado a la vida familiar, en forma de literatura denominacional, conferencias de vida familiar en la iglesia, y asesoramiento prematrimonial y matrimonial por parte de pastores y laicos. Esto ha sucedido en todas las denominaciones evangélicas (tanto grandes como pequeñas), incluso en sus seminarios, institutos bíblicos y universidades. Por ejemplo, este movimiento de dimensiones nacionales se reflejó en el *Continental Congress on Family Life* [Congreso continental de vida familiar] que tuvo lugar en St. Louis, Missouri, en octubre de 1975, al que asistieron más de dos mil doscientas personas en representación de más de cincuenta denominaciones de los cincuenta estados norteamericanos y de otros seis países. Además, cientos de conferencias sobre vida familiar, tanto denominacionales como no denominacionales, se celebran cada año a nivel distrital, municipal, estatal y regional. Asimismo, cada año las editoriales evangélicas publican decenas de nuevos libros sobre el matrimonio y la vida familiar. Este interés y adelanto en cuanto a la vida familiar por parte del mundo evangélico exige una revisión de este libro.

A lo largo de este libro se han hecho algunos pequeños cambios con el propósito de reflejar los nuevos hechos empíricos que han surgido en los últimos diez años. Algunos cambios más importantes tienen que ver con los nuevos materiales que aparecen en los capítulos 5, 6 y 7. El apéndice IV y "Una bibliografía selecta" han sido reescritos por completo, algunos libros antiguos se han quitado de la lista, y muchos libros escritos en los últimos dos o tres años se han añadido a la lista.

Llevo veintiocho años enseñando, asesorando, disertando y participando en conferencias sobre vida familiar en las iglesias. Toda esta experiencia me ha proporcionado ideas y madurez que espero que contribuirán, al menos en cierta medida, a darle validez a lo que he escrito.

Herbert J. Miles
Profesor emérito de sociología
Universidad Carson-Newman
Abril de 1976

Prefacio a la tercera edición

La primera y la segunda edición de *Sexual Happiness in Marriage* [La plenitud sexual en el matrimonio] (1967 y 1976) presentan detalles en cuanto a las técnicas necesarias para ayudar a las parejas a lograr un ajuste sexual satisfactorio en el matrimonio. Las más recientes investigaciones científicas (de Masters y Johnson, y los informes Hite) han comprobado los resultados de mi investigación, los cuales aparecen en el Apéndice II.

Desde su publicación, muchos matrimonios que han leído el libro cinco, diez o más años después de estar casados, han dicho: "Si hubiéramos tenido esta información cuando nos casamos, nos habríamos ahorrado indecibles ansiedades y problemas." A pesar de algunos críticos que se burlan de las técnicas para hacer el amor, el énfasis de tales técnicas fue y continúa siendo esencial para las parejas que están pensando casarse o que están teniendo problemas sexuales en el matrimonio. Sin embargo, la felicidad sexual en el matrimonio implica mucho más que técnicas, actitudes, sentimientos y valores apropiados.

La necesidad de esta tercera edición ha surgido de las muchas cartas enviadas por los lectores y de nuestra experiencia personal con clientes en el asesoramiento matrimonial. Estas fuentes han mostrado la necesidad de brindar ayuda en cuanto a otros temas. Esta tercera edición va más allá de las técnicas, alertando contra lo que pudiera socavar y destruir el gozo sexual en el matrimonio, por lo que se han añadido cuatro nuevos capítulos. En el capítulo 8 se corrigen ciertas falsas expectativas que pueden entorpecer una vida sexual satisfactoria. El capítulo 9 considera las causas de las relaciones extraconyugales, menciona algunas señales peligrosas que pudieran fácilmente convertirse en una relación de ese tipo, y da sugerencias de cómo las parejas cristianas deben tratar con estas relaciones. El capítulo 10 se ocupa de los pros y los contras del sexo oral-genital en los matrimonios cristianos. El capítulo 11 considera las distintas maneras de mantener el sexo y el matrimonio fresco y excitante y a la vanguardia de lo que es el crecimiento y la plenitud desde una perspectiva cristiana.

Herbert J. Miles
Profesor emérito de sociología
Universidad Carson-Newman
Noviembre de 1981

Capítulo 1

El sexo como siervo del cristianismo

Jim, un estudiante de último año de la universidad, me detuvo en un pasillo al final de una de las clases y me preguntó si podía hablarme en privado. Estando solos, me dijo que pensaba contraer matrimonio tan pronto se graduara, algo que ocurriría en pocas semanas, y que necesitaba hablar con algún miembro del profesorado. Tras una breve vacilación, añadió: "Necesito hablar con alguien acerca de las relaciones físicas entre el esposo y la esposa en el matrimonio." Y con una sonrisa y confianza en su rostro, afirmó: "He considerado la lista de los profesores de la universidad que aparece en el catálogo y he decidido que es con usted que quisiera hablar."

Él era un ministro voluntario y un estudiante muy destacado que había sido seleccionado para un alto puesto por el cuerpo estudiantil. Su personalidad sociable se caracterizaba por la madurez, la dignidad, la bondad y la amabilidad. Estaba comprometido con una de las muchachas más capaces, refinadas y atractivas de la clase de último año de la universidad. Por ser los humanos como somos, me sentí muy orgulloso de que Jim me hubiera seleccionado para esta entrevista. En mi interior, me felicité a mí mismo, y al mismo tiempo traté de mostrarme humilde, al aceptar hablarle. La mayoría de las personas parecen considerarse a sí mismas expertas en noviazgo, matrimonio y familia, y yo no era la excepción. A pesar de que nunca antes había tenido una entrevista como ésta, sabía que lo haría "bien".

El día de la entrevista, estando ambos sentados en un sitio privado para hablar, él sacó una libreta del bolsillo y la abrió. Era una pequeña libreta de espiral de aproximadamente siete por doce centímetros y comenzó a hacerme preguntas que había anotado en la libreta. Había dos preguntas en cada hoja, organizadas por tema, y detalladas. Antes que me hubiera hecho cinco preguntas, me di cuenta de que yo había cometido un grave error y que él estaba hablando con el profesor equivocado. A esas alturas, yo sabía que *él* sabía que se encontraba hablando con el profesor equivocado. Pero por ser todo un caballero, continuó con las preguntas y no trató de ponerme en un aprieto. Pasaba una y otra hoja de su pequeña libreta y me hacía una pregunta tras otra. Sus preguntas tenían que ver con el ajuste sexual en el matrimonio, y mientras más avanzaba, más específicas se volvían sus preguntas. Deseaba saber acerca de las actitudes, las técnicas, la información científica, los porcentajes, los promedios, etc. y me hacía un sinfín de preguntas. Para responder a éstas, conjeturaba, me aclaraba la voz, vacilaba al hablar y esquivaba las preguntas. Parecía que nunca llegaría al final de la libreta. Debe haberme hecho entre cincuenta y sesenta preguntas, y cuando por fin terminó se puso de pie y me dio las gracias con tanta gentileza como si hubiera concluido una exitosa entrevista con el gobernador o con el presidente.

Aunque mi orgullo no me permitía decírselo, no recuerdo haberme sentido nunca antes tan humillado. Esa noche no pude dormir. No podía sacarme a Jim de la mente. Pedí y recibí el perdón de Dios por mi egoísmo y extrema confianza. No obstante, di vueltas en la cama toda la noche. Cada vez que cerraba los ojos y trataba de dormir, podía ver a Jim sentado frente a mí, dando vuelta a las hojas y haciéndome preguntas. Sus serios y penetrantes ojos me estaban mirando de frente, suplicándome que le diera respuestas convincentes. Recordaba las preguntas que me había hecho; todas eran inteligentes. Él tenía derecho a recibir las respuestas y que éstas fueran respuestas inteligentes. Muchas ideas pasaron por mi mente esa noche. Al pensar en el asunto, repasé mentalmente de arriba abajo la lista de profesores de la universidad para determinar a qué otro profesor pudo haberse dirigido. Después de considerarla, llegué a la conclusión de que probablemente no había un solo miembro de nuestro profesorado selecto que estuviera mejor preparado que yo para contestar sus preguntas. Además, consideré que había sido inteligente de su parte el haberme seleccionado, ya que yo era el profesor de las clases de sociología en cuanto a familia y matrimonio. Las necesidades de este joven tan cerca del altar matrimonial me abrumaban el alma.

Mi pensamiento retrocedió fugazmente a las semanas antes de casarme con la novia de mi juventud. Habíamos acordado que yo hablaría con un médico y así lo hice. El médico parecía no estar dispuesto a hablar, y recibí menos ayuda de él que la que yo le había dado a Jim. Necesitábamos ayuda y no la recibimos. Entonces pensé en los veinte años que había sido pastor. Había realizado muchas bodas. Había dado mucho asesoramiento, religioso y de otro tipo, pero no había dado toda la ayuda que necesitaban en realidad las parejas. Las clases que impartía en el seminario y en la universidad no habían sido de ayuda en este aspecto.

Esa noche, a semejanza del Jacob de antaño, luché con este problema "hasta que rayaba el alba". Me sentía abrumado por todo esto. Mi experiencia con Jim parecía estar diciéndome: *Aquí hay una puerta abierta. Las experiencias que has vivido y tu situación actual te hacen idóneo para entrar por esta puerta.* Continué preguntándome: *¿Se trataba de la misma guía divina que me había llamado al ministerio, que nos había llamado a mi esposa y a mí a servir como profesores en una universidad cristiana?* Parecía que la respuesta debía de ser *sí.* Ninguna otra cosa tenía sentido. Por fin, tomé una decisión definitiva y poco antes de que amaneciera me dormí. Al siguiente día y durante los días que siguieron, tuve la confianza de que un programa de asesoramiento prematrimonial sería una buena añadidura a mis responsabilidades como educador. Así que, en los meses siguientes leí muchos libros en cuanto a asesoramiento matrimonial.

En el semestre que comenzaba en el otoño, sencillamente anuncié en mis clases de familia y matrimonio que era un consejero matrimonial profesional y que mis puertas estaban abiertas para considerar cualquier problema referente al noviazgo, al matrimonio y a la vida familiar. Más adelante en el semestre, mientras enseñaba en cuanto a los planes específicos de matrimonio, anuncié que estaba dispuesto a hablar acerca del ajuste sexual con las parejas que pensaban casarse. En seguida, varias parejas comenzaron a tocar a mi puerta. Así como Jim y su novia, había una larga fila de jóvenes sinceros y ansiosos de aprender, que con sinceridad buscaban ayuda en cuanto al ajuste sexual en el matrimonio.

Once años y doscientas setenta y cinco parejas más tarde, este libro salió a la luz, habiendo yo pedido a Dios que pueda ser utilizado para fortalecer el matrimonio e iluminarles el camino a muchas otras parejas valiosas.

En realidad, se puede decir que Dios utiliza a personas (como Jim) y experiencias personales (mi encuentro con Jim) para abrir puertas y guiar a sus seguidores a ocuparse de ciertos campos donde hay necesidades, con el propósito de apresurar el progreso de la vida cristiana.

Parece haber una nueva preocupación entre los creyentes de todas las denominaciones; ellos piden que las iglesias, las instituciones eclesiásticas y los líderes tomen la iniciativa en cuanto a interpretarle al mundo lo que es el sexo, a la luz del plan del Creador divino y de los principios fundamentales del cristianismo. Típicas de esta preocupación son las siguientes afirmaciones hechas en una Conferencia de los Bautistas del Sur sobre Vida Familiar: "El matrimonio ha sido creado con el propósito de que ambos cónyuges encuentren en él la satisfacción de sus necesidades sexuales... 'Los Bautistas del Sur apenas han comenzado a enfrentar su responsabilidad en esta materia...' Hace falta un nuevo enfoque al considerar la sexualidad humana. Las actitudes actuales reflejan más la tradición puritana que la franqueza del enfoque bíblico. La masculinidad o la femineidad de la persona influye en toda su vida y todas sus relaciones, no simplemente en su matrimonio y en su hogar. El punto de vista bíblico es una necesaria medida correctiva para la forma de pensar de los Bautistas del Sur." Algunas de las recomendaciones hechas por la Conferencia con respecto a la sexualidad fueron:

1) Que todas las agencias de los Bautistas del Sur que tienen que ver con el matrimonio y el hogar examinen de nuevo su literatura, sus programas y sus políticas con el propósito de hacer mayor su contribución en el campo de la enseñanza cristiana en cuanto al sexo y al matrimonio (p. 15).

2) Que enseñemos cómo encaja el sexo dentro de los propósitos de Dios (p. 22).

3) Que en la literatura para la Escuela Bíblica Dominical y las Uniones de Preparación hagamos mayor hincapié en la educación sexual *para todas las edades*, incluso para las personas casadas (p. 23).

4) Que se lleven a cabo proyectos de investigación acerca de la educación sexual (p. 24).

5) Que para la educación prematrimonial, haya en las iglesias un asesoramiento adecuado impartido por el pastor (con las parejas que piensan casarse) ... que incluya información sexual (el aspecto físico del matrimonio y la actitud de los dos novios hacia el aspecto físico del matrimonio) (pp. 39-40).[1]

Casi todos los demás grupos denominacionales han hecho recomendaciones similares. Esta nueva preocupación por parte de los líderes cristianos se basa en la convicción de que el cristianismo y el sexo son amigos, amigos íntimos. Creen que el sexo fue creado para ser, que puede ser y debe ser, el amigo del cristianismo, no su enemigo. En la corriente principal del pensamiento cristiano, que se remonta al pensamiento hebreo, el cristianismo y el sexo siempre se han relacionado bien. No sólo es el sexo amigo del cristianismo, sino que fue pensado para que le sirviera al cristianismo. En el plan de Dios, *el sexo es el siervo del cristianismo.* Y tiene que ser siervo. Ya es tiempo de que la comunidad cristiana ayude a las jóvenes parejas a tener un buen ajuste sexual en el matrimonio, preocupándose de que reciban una cuidadosa enseñanza y asesoramiento prematrimoniales.

Una guía para el ajuste sexual

Este libro intenta ayudar a las parejas y está diseñado como una guía para el ajuste sexual en el matrimonio. Concebido para pastores y todo tipo de consejeros, difiere de los manuales de sexo que se utilizan actualmente de tres maneras importantes.

En primer lugar, se ofrecen información e instrucciones detalladas en cuanto a cómo lograr el ajuste sexual en el matrimonio dentro de parámetros cristianos y bíblicos. En el pasado, muchos pastores y otros consejeros cristianos han tenido que disculparse por utilizar manuales para el ajuste sexual en los cuales no se planteaban los ideales cristianos positivos.

En segundo lugar, este libro es el resultado de muchos años de asesoramiento prematrimonial sistemático, a la que ha seguido una investigación para evaluar el éxito del asesoramiento. El asesora-

---

1 *The Church and the Christian Family* [La iglesia y la familia cristiana]. Manual didáctico de la Conferencia de vida familiar de los Bautistas del Sur (Nashville: Family Life Department, Joe Burton, Secretary, 1963).

miento prematrimonial y la investigación surgieron de las clases de Familia y Matrimonio dictadas por el autor a nivel universitario.

Por último, se hace mayor hincapié tanto en las técnicas detalladas como en las actitudes apropiadas en cuanto a la relación sexual. En este libro se describen y se evalúan algunas técnicas alternativas. Algunos escritores de temas sexuales se burlan de los libros que se ocupan de las técnicas sexuales. Es nuestro sentir que las parejas jóvenes que se casan, por carecer de experiencia sexual, tienen el derecho moral y social de ser instruidas seriamente en cuanto a las técnicas existentes, qué evitar, y qué esperar. Considero que tal instrucción reduce la ansiedad al más bajo nivel posible, y que por lo general conduce con mayor rapidez al éxito y a la eficacia. Nuestra investigación comprobó este punto de vista. Además, sentimos que las actitudes cristianas correctas son tan importantes como, o más importantes que, las técnicas correctas. Las dos van juntas.

Un público de dos

A pesar de que este libro fue concebido para ser utilizado por pastores y otros consejeros, ha sido escrito de manera específica para "un público de dos personas". En primer lugar, se escribió para cualquier pareja que ha pasado por el proceso normal de noviazgo, donde están comprometidos para casarse, han fijado una fecha para su boda, y están de tres semanas a tres meses de distancia del día de la boda. El mensaje de este libro está, pues, dirigido de manera especial a ese público de dos personas. El público nunca debe ser mayor, a menos que se cuente con un consejero calificado.

En segundo lugar, este libro está dirigido al público común. La mayoría de las parejas casadas pueden encontrar alguna ayuda en la lectura de este libro. Será particularmente útil para aquellos que quizás nunca tuvieron acceso a un asesoramiento prematrimonial honesto, o que puedan estar un tanto insatisfechos con su vida sexual en el matrimonio. En realidad, sería bueno que cualquier pareja de casados leyera este libro y discutiera las ideas presentadas en cada capítulo. Un estudio así los ayudaría de tres maneras. Los ayudaría a entender más cabalmente la relación que hay entre el sexo y la vida cristiana; los ayudaría, asimismo, a unificar y cristalizar sus pensamientos en lo que atañe a sus propias experiencias sexuales y estimularía la confianza en sí mismos y en sus logros. Por último, les daría una fuente de información que los capacitaría para ayudar a sus amigos que están pensando casarse, o a los amigos ya casados que pudieran tener dificultades en sus experiencias sexuales y que se están acercando a la separación y al divorcio.

El materialismo: una filosofía animal

Para comprender el lugar del sexo en la vida humana, las jóvenes parejas que se casan necesitan familiarizarse con algunas de las ideas extremas sobre el sexo que tienden a pervertirlo. Antes de presentar una interpretación cristiana del matrimonio y de la sexualidad, conviene esbozar las enseñanzas del materialismo y del ascetismo, las dos principales filosofías en cuanto a la vida humana que se oponen al punto de vista cristiano.

Las enseñanzas del materialismo tradicional, que pudieran ser un poco exageradas, son fundamentalmente las siguientes: La materia fue la única cosa que existió en el principio, y esta materia está formada por elementos químicos. Los elementos químicos están compuestos de átomos, y estos átomos están en movimiento, son eternos y poseen energía y poder. La vida es, sencillamente, un producto de la materia. Todas las cosas son la simple combinación de los elementos químicos. La mente es simplemente el funcionamiento de la materia. No hay ninguna fuerza creadora, no hay un agente organizador, no hay un propósito, no hay objetivos, no hay un fin, no hay Dios, no hay vida después de la muerte. Las formas modernas de materialismo están suavizadas por teorías psicológicas, sociales y culturales. Normalmente se niegan a que se les ponga la etiqueta de "materialismo". Sin embargo, no debemos dejarnos engañar. Martin H. Scharlemann apunta que el psicólogo materialista "cuando es presionado, muestra que cree con firmeza en la misma clase de mundo que creía el monista materialista tradicional, ya sea filosóficamente propenso o no a aplicar la antigua etiqueta" (*What, Then, Is Man?* [¿Qué es, entonces, el hombre?] Concordia Publishing House, St. Louis, 1958, p. 83). Es obvio que las ideas materialistas descansan sólo en medias verdades. Estas ideas no concuerdan con la realidad total e ignoran mucho de ella. El apóstol Pablo advierte: "Mirad que nadie os engañe mediante filosofías y huecas sutilezas" (Colosenses 2:8).

Cuando las teorías materialistas se aplican al matrimonio y a la sexualidad, surgen muchas ideas raras. Ya que el hombre es en esencia un animal, se enseña que el amor no es más que deseo sexual; que el sexo es sólo una expresión de la carne; que la salud requiere que el deseo sexual sea satisfecho de inmediato, después de la pubertad; que cuando un hombre escoge a su esposa, sencillamente selecciona una buena compañera sexual; que las relaciones sexuales fuera del matrimonio son normales; que cuando la atracción sexual ya no exista más entre el esposo y la esposa, el divorcio es lo recomendable; que no hay tal cosa como el delito sexual, mientras que una persona no obligue a la otra. La manera de resolver el problema de los hijos que nacen fuera del matrimonio, es dar a los adolescentes, muchachos y muchachas, a partir de los trece años de edad, acceso sin restricciones a los anticonceptivos y adiestrarlos en cómo usarlos. Y en el caso de que se produzca un embarazo antes del matrimonio, se recomienda el aborto. Se alienta la práctica de la promiscuidad sexual desde la pubertad hasta la vejez. Se enseña que el sexo es un asunto privado y que el comportamiento sexual privado no le incumbe a la sociedad.

Resultaría muy difícil encontrar un sistema que reuniera más falsedades que esta filosofía. Este sistema aboga por normas morales de gallinero que, de ponerse en práctica, llevarían a la civilización de vuelta a la jungla.

El ascetismo: un callejón sin salida

Mientras que el materialismo exagera la importancia de la carne y evita o niega el espíritu, el ascetismo se va al otro extremo. Este resalta de forma exagerada el espíritu y niega hasta lo sumo la importancia de la carne. Según la filosofía ascética, la materia y la carne son malas; por consiguiente, la persona debe repudiar con firmeza la expresión de la carne y del sexo, para poder alcanzar un alto grado de moralidad, intelectualidad y espiritualidad.

La teoría del ascetismo está muy bien ilustrada en las ideas enseñadas por Manes, el fundador del maniqueísmo. Manes nació en Persia en el año 215 d.C., y sus enseñanzas pueden ser resumidas de la manera siguiente: El universo comenzó con la mezcla de *dos* elementos, "Luz" y "Oscuridad". La Luz era esencialmente *buena*, y la Oscuridad esencialmente *mala*. El hombre y la mujer fueron formados tanto por la Luz como por la Oscuridad; sus cuerpos pertenecían a los elementos más inferiores de la Oscuridad, pero sus almas, a los elementos concentrados de la Luz. Los elementos de Luz y Oscuridad luchaban entre sí dentro del hombre y de la mujer. El propósito y el proceso del desarrollo del mundo era liberar la Luz de la Oscuridad. Al final del mundo, la Luz triunfaría sobre la Oscuridad.

Cuando Manes aplicó estas ideas (por lo general llamadas ascetismo dualista) al matrimonio y a la sexualidad, el resultado fue una doctrina negativa de abstinencia. Ya que el cuerpo estaba hecho de Oscuridad la conclusión era que el cuerpo era malo, la carne era mala, el sexo era malo, y la reproducción era mala. Esas ideas, puestas en práctica y seguidas de forma rígida hasta su lógica conclusión, despoblarían pronto la tierra. Estas y otras ideas ascéticas se originaron en la filosofía griega y en las religiones persas y orientales. Los hebreos del Antiguo Testamento y Jesús y los apóstoles del Nuevo Testamento no fueron ascéticos dualistas. En lugar de un dualismo, los pensadores judeocristianos explicaron al universo, no con dos seres limitados, sino con *un* Dios libre, infinito, eterno y omnipotente.

Estas dos teorías extremas, materialismo y ascetismo, son males que pueden pervertir y destruir las doctrinas cristianas en cuanto al matrimonio y la sexualidad. Surgieron hace mucho tiempo, y se remontan a los primeros filósofos griegos. Pero al mismo tiempo, están presentes, activas, y son agresivas en el mundo moderno. Las parejas que se hallan en el proceso de planificar y llevar una vida conyugal de acuerdo con los principios del cristianismo necesitan familiarizarse con la malvada naturaleza de estas dos teorías, a fin de reconocerlas y rechazarlas. El reconocer esos extremos nos ayuda a comprender las ideas cristianas con respecto al matrimonio y al sexo. En tanto que el materialismo hace demasiado hincapié en la carne y tiende a negar la importancia del espíritu, y el ascetismo hace demasiado hincapié en el espíritu y niega la importancia de la carne, la doctrina cristiana une el espíritu y la carne para que cooperen juntos como una unidad total de la vida de cada persona. Es necesario entender esta doctrina para tener un buen ajuste sexual en el matrimonio. Volvamos ahora a la tarea de describir las enseñanzas cristianas y bíblicas que tienen que ver con la sexualidad en el matrimonio y en la vida de la familia.

Capítulo 2

Una interpretación cristiana del sexo en el matrimonio

Toda la Escritura es inspirada por Dios, y útil para enseñar,
para redargüir, para corregir, para instruir en justicia.

2 Timoteo 3:16

La Biblia es el registro de la revelación de Dios al hombre, en la persona de Jesucristo. Ella tiene que ver con ideas tales como el pecado, la salvación, la evangelización, las misiones, el crecimiento espiritual individual, un orden social cristiano y la vida eterna. Por eso, la Biblia no es fundamentalmente un libro de ciencia, agricultura, arte, música, arquitectura o sociología, aunque incluye muchas ideas con respecto a estos y muchos otros temas. Asimismo, la Biblia no es un libro de sexología. Sin embargo, contiene muchas ideas específicas con respecto al sexo y a cómo éste encaja dentro del plan total de la creación y del avance del reino de Dios. Pudiera ser de mucha ayuda para una pareja que está pensando casarse el estudiar con detenimiento algunos de los pasajes bíblicos que hablan claramente del lugar de la sexualidad en el matrimonio y la vida familiar. Examinemos siete de estos pasajes.

1. *Y creó Dios al hombre a su imagen, a imagen de Dios lo creó; varón y hembra los creó. Y los bendijo Dios, y les dijo: Fructificad y multiplicaos; llenad la tierra, y sojuzgadla.*

Génesis 1:27,28

Este pasaje indica que Dios creó tanto al hombre como a la mujer como individuos perfectos. En cuanto a la parte no física de su naturaleza, son personas, hechas a la imagen de Dios. Son personalidades inteligentes, racionales, libres y responsables. En cuanto a la parte física, poseen cuerpos que comprenden la sexualidad y la capacidad para reproducirse. En el mandamiento: "Fructificad y multiplicaos", encontramos el sexo en la creación del hombre y de la mujer con el propósito de la procreación (la reproducción). Esto es básico dentro del plan de Dios en la creación.

> 2. *Por tanto, dejará el hombre a su padre y a su madre, y se unirá a su mujer, y serán una sola carne. Y estaban ambos desnudos, Adán y su mujer, y no se avergonzaban.*
>
> Génesis 2:24,25

La parte principal del pasaje es la frase "serán una sola carne". Esta frase se refiere a la unión física y espiritual del esposo y la esposa en la relación sexual. Incluye una experiencia sexual definida (el orgasmo) tanto para el esposo como para la esposa. Esta relación en "una sola carne" no se refiere específicamente a la reproducción, sino más bien al sexo como una experiencia personal profunda de placer físico y espiritual entre el marido y la mujer. Muchos otros pasajes bíblicos enfatizan claramente este mismo concepto (Génesis 24:67; Eclesiastés 9:9; Cantar de los Cantares). La naturaleza de este placer es tanto físico como espiritual. Involucra todo el cuerpo físico así como toda la naturaleza espiritual, emocional y mental de ambos esposos. Implica la acción de la personalidad total. Dios creó esta experiencia de ser una sola carne para que fuera la más intensa y culminante intimidad física y la más profunda experiencia espiritual de unidad entre el esposo y la esposa. Es importante señalar que Jesucristo citó este pasaje como fundamento de su concepto en cuanto al matrimonio (Mateo 19:4,5; Marcos 10:9).

> 3. *Y vio Dios todo lo que había hecho, y he aquí que era bueno en gran manera.*
>
> Génesis 1:31

Cuando fueron creados los animales, el libro de Génesis dice que "vio Dios que era bueno" (Génesis 1:25). Sin embargo, cuando Dios creó al hombre y a la mujer, varón y hembra, conforme a su imagen, el libro de Génesis declara: "Y vio Dios todo lo que había hecho, y he aquí que era bueno *en gran manera.* " El significado de este pasaje es que el Dios Creador formó en su mente un plan para crear a personas, tanto masculinas como femeninas, a la imagen de Él. Dios vio su producto terminado, el hombre y la mujer, quienes parecían ser un duplicado exacto, una reproducción perfecta de su propósito y plan originales. ¿Qué era lo bueno? La "masculinidad" del hombre es buena en gran manera. La "femineidad" de la mujer es buena en gran manera. Tanto el hombre como la mujer fueron creados con cuerpos físicos reproductivos. A la vez, fueron creados espiritualmente a la imagen de Dios. Es decir, fueron personas que se caracterizaron por tener conciencia propia, conocimiento propio, control propio, la capacidad de pensar, de elegir, de ejercer su voluntad, etc. Esta unidad completa y total de mente y cuerpo es "bueno en gran manera".

4. Hijo mío, está atento a mi sabiduría,
Y a mi inteligencia inclina tu oído,
Para que guardes consejo,
Y tus labios conserven la ciencia.
Porque los labios de la mujer extraña destilan miel,
Y su paladar es más blando que el aceite;
Mas su fin es amargo como el ajenjo,
Agudo como espada de dos filos.
Sus pies descienden a la muerte;
Sus pasos conducen al Seol.
Sus caminos son inestables; no los conocerás,
Si no considerares el camino de vida.
Ahora pues, hijos, oídme,
Y no os apartéis de las razones de mi boca.
Aleja de ella tu camino,
Y no te acerques a la puerta de su casa.

Proverbios 5:1-8

¿Y por qué, hijo mío, andarás ciego con la mujer ajena,
Y abrazarás el seno de la extraña?

Proverbios 5:20

Estos pasajes son advertencias fuertes y severas a los hombres jóvenes con respecto al mal uso de su vida sexual. Se les instruye a no dar expresión a su naturaleza sexual en relaciones promiscuas con mujeres libertinas. Luego, a esas rigurosas advertencias negativas siguen unas maravillosas instrucciones positivas que les indican a los jóvenes cómo *debieran* satisfacer sus necesidades sexuales. Estas instrucciones son las siguientes:

> *Bebe el agua de tu misma cisterna,*
> *Y los raudales de tu propio pozo.*
> *Sea bendito tu manantial,*
> *Y alégrate con la mujer de tu juventud,*
> *Como cierva amada y graciosa gacela.*
> *Sus caricias te satisfagan en todo tiempo,*
> *Y en su amor recréate siempre.*
>
> Proverbios 5:15,18,19

Este pasaje establece de manera clara e inequívoca que el hombre joven debe satisfacer sus necesidades sexuales en la relación sexual con su esposa. El hacerlo lo llenará de alegría, gozo y regocijo. Se describe a su esposa como delicada, gentil, maravillosa, agraciada y encantadora y dice que ella lo satisface sexualmente. Se la llama la "cisterna" de él (v. 15), sus "raudales de su propio pozo" (v. 15) y su "manantial" (v. 18). Estas tres figuras son simbólicas de la esposa como pareja sexual. Así como la persona sedienta puede satisfacerse siempre tomando agua fresca de una cisterna, de un arroyo de agua pura que corre, o de un manantial, de la misma manera la sed sexual del hombre debe ser satisfecha en sus experiencias sexuales con su esposa. La última parte del versículo 19 puede traducirse así: "Deja que el amor de tu esposa y tu abrazo sexual con ella te intoxiquen siempre de placer. Regocíjate siempre en el éxtasis de su amor". No sólo se califica como sabia e inteligente la actitud del hombre cuando éste satisface con su esposa sus necesidades sexuales dentro del matrimonio (versículo 1), sino que Dios es representado como alguien que *conoce, observa,* y *aprueba* esta relación (versículo 21). Es obvio que todo este capítulo presenta el sexo en el matrimonio como un placer que sirve para unir al esposo y la esposa. La procreación y los hijos no se mencionan.

5. El pasaje más claro del Nuevo Testamento que presenta las verdades fundamentales de la perspectiva cristiana en cuanto al

ajuste sexual dentro del matrimonio es 1 Corintios 7:2-5. Considerando los propósitos de este libro, resulta útil darle a este pasaje la siguiente traducción libre:

> *Debido a la poderosa naturaleza del instinto sexual, cada hombre debe tener su propia esposa, y cada mujer debe tener su propio marido. El esposo debe satisfacer de manera regular las necesidades sexuales de su esposa, y la esposa debe satisfacer de manera regular las necesidades sexuales de su esposo. En el matrimonio, así como el cuerpo de la esposa le pertenece a su marido y él lo gobierna, también en el matrimonio, el cuerpo del esposo le pertenece a su mujer y ella lo gobierna. No se nieguen a satisfacerse sexualmente el uno al otro, a menos que ambos acuerden abstenerse de tener relaciones por un breve período de tiempo para dedicarse a la oración. Sin embargo, a causa de la fuerza del instinto sexual, cuando este corto período de tiempo termine, continúen dándose satisfacción el uno al otro en sus necesidades sexuales, teniendo de nuevo relaciones sexuales.*

Hay tres ideas con respecto a la sexualidad, que son fundamentales en este pasaje y que captan nuestra atención.

1) Tanto el esposo como la esposa tienen claras e iguales necesidades sexuales que se deben satisfacer dentro del matrimonio. La idea primitiva de que el sexo es una prerrogativa del hombre y que su esposa debe someterse a él, manteniéndose pasiva y silenciosa, no sólo es una violación de los hechos científicos conocidos acerca de la naturaleza sexual de la mujer, sino además una violación de la clara y rigurosa enseñanza bíblica que se encuentra en el pasaje de 1 Corintios 7:3 en cuanto a que "el marido cumpla con la mujer el deber conyugal". La Biblia al Día lo traduce así: "El hombre debe satisfacer los derechos conyugales de su esposa." El pasaje dice que la mujer definitivamente tiene una necesidad de experiencias sexuales regulares dentro del matrimonio y supone que el experimentar orgasmos regulares en las experiencias sexuales con su esposo es algo que le corresponde, y que estas experiencias son necesarias para que se logre la naturaleza unitiva del matrimonio.

2) No le toca al esposo satisfacer sus propias necesidades sexuales, ni tampoco a la esposa satisfacer las suyas propias. Por el contrario, es responsabilidad del esposo satisfacer siempre las necesidades sexuales de su esposa, y es responsabilidad de ésta satisfacer siempre las necesidades sexuales de su esposo. Es una experiencia cooperativa. De esta manera, se satisfacen continuamente las necesidades de ambos.

3) El hecho de que al esposo y a la esposa les guste satisfacerse sexualmente el uno al otro dentro de esta relación unitiva, no está en pugna con el concepto judeocristiano de una vida espiritual piadosa, que incluye el obedecer cabalmente la voluntad de Dios, crecer en la gracia de Cristo, el servicio cristiano y la mayordomía cristiana. Por el contrario, este pasaje de las Escrituras implica que una vida cristiana activa y un buen ajuste sexual en el matrimonio en realidad van juntos. Notemos que Pablo junta la vida sexual de los esposos con su vida de oración (1 Corintios 7:5).

6. Extractos de 1 Tesalonicenses 4:1-7 dicen lo siguiente:

> *Por lo demás, hermanos, os rogamos y exhortamos en el Señor Jesús, que ... os conviene agradar a Dios... pues la voluntad de Dios es... que os apartéis de fornicación; que cada uno de vosotros sepa tener su propia esposa en santidad y honor; no en pasión de concupiscencia, como los gentiles que no conocen a Dios... Pues no nos ha llamado Dios a inmundicia, sino a santificación.*

Saltan a la vista de este pasaje las observaciones siguientes con respecto al sexo dentro del matrimonio:
1) Dios instituyó el matrimonio y la naturaleza sexual del matrimonio.
2) Cada hombre debe escoger a su propia esposa (y cada mujer a su propio esposo).
3) Se debe escoger al cónyuge motivado por la pureza personal y queriendo tener una relación de por vida, en santidad y honor.
4) El aceptar que sea la pasión sexual la única guía en la escogencia de la esposa, tal como hacen los paganos, es impuro y una violación de la voluntad de Dios.

5) El tener una correcta relación matrimonial cumple la voluntad de Dios.

Estas instrucciones son dadas "por la autoridad del Señor Jesús" (Versión Popular).

7. El Cantar de los cantares

Es necesario examinar el Cantar de los cantares para dar un adecuado resumen de las enseñanzas de la Biblia en cuanto a la vida sexual dentro del matrimonio. El Cantar de los cantares contiene ocho capítulos de hermosa poesía. Es poesía con respecto a la relación conyugal entre esposo y esposa. Exalta la fidelidad entre los amantes casados. Algunos estudiosos de la Biblia piensan que es una experiencia histórica real que involucró a varias personas. Otros piensan que es una recopilación de canciones de boda que describen la felicidad espiritual y los goces físicos de la vida matrimonial. Puede haber sido cualquiera de las dos, o ambas. Cualquiera sea la interpretación que se acepte, está claro que el Cantar de los cantares de Salomón describe las ideas judías anteriores al Nuevo Testamento acerca del amor y la sexualidad en el matrimonio. El Cantar de los cantares describe en intensa forma poética el cuerpo físico de los amantes casados, sin que resulte ofensivo (6:1-10; 7:1-9). También están implícitas las técnicas de excitación sexual entre los esposos (2:3; 8:3). Aquí se describen de manera maravillosa los sentimientos, las actitudes, las fantasías, los sueños, el goce espiritual, el goce sexual y la felicidad romántica de los amantes casados.

Hay muchos otros pasajes en las Escrituras que contienen ideas similares con respecto al sexo en el matrimonio. En Hebreos 13:4 se nos exhorta: "Honroso sea en todos el matrimonio, y el lecho sin mancilla..." En Éxodo 20:14 el mandamiento: "No cometerás adulterio", presupone un mandamiento positivo: "Satisfarás tus necesidades sexuales dentro del matrimonio."

En general, el Nuevo Testamento sigue las ideas del Antiguo Testamento con respecto al lugar del sexo en la vida humana. Los siguientes pasajes del Nuevo Testamento son ejemplos importantes: Mateo 5:32; Mateo 19:4-6; Marcos 2:19; Marcos 10:6-9; Lucas 16:18; Juan 2:1-11; Juan 3:29; Romanos 1:26,27; 1 Corintios 7:9; 1 Corintios 9:15; Efesios 5:3-12; Efesios 5:23-25; 1 Timoteo 3:2,12; 1 Timoteo 4:3,4; 2 Timoteo 2:22; Judas 7; y Apocalipsis 19:7-9.

Muchas parejas jóvenes se casan sin tener ideas claras acerca de la relación que existe entre la vida sexual y las enseñanzas cristianas fundamentales. A veces abrigan ideas vagas de que el sexo es necesario, pero un poco "mundano". Tienen esas ideas sencillamente porque nadie les ha dado jamás la correcta enseñanza bíblica en esta materia. La consideración hecha anteriormente de siete pasajes bíblicos representativos es suficiente para guiarnos en la exposición de un amplio bosquejo en cuanto a las enseñanzas positivas de la Biblia en lo que tiene que ver con el sexo y el matrimonio. Las parejas necesitan tener ciertas directrices y principios básicos que los ayuden a enfocar y concretar sus ideas y actitudes en cuanto a los asuntos sexuales, de una manera global, madura y consistente. Necesitan una serie de principios prácticos realizables a los cuales seguir como guía para su vida. Las proposiciones que siguen a continuación se fundamentan en los pasajes bíblicos antes estudiados, y representan un resumen conciso del pensamiento cristiano en cuanto al plan y al propósito de la sexualidad en la vida humana. La consideración que sigue a cada proposición es un breve resumen de las ideas cristianas aceptadas y del significado del principio expuesto en la proposición.

Primera proposición

El universo y todas las formas de vida son CREACIÓN DE DIOS.

La doctrina cristiana descansa sobre la sencilla pero profunda aseveración de que "En el principio creó Dios" todas las cosas (Génesis 1:1; Colosenses 1:16; Hebreos 11:3). Todos los esfuerzos por entender y explicar el mundo deben comenzar con una idea inicial en cuanto a los orígenes. La afirmación cristiana es que Dios existía antes que existieran el universo y toda forma de vida. Dios es Creador, Redentor, Preservador y Gobernador del universo. Él es espiritual, personal, suficiente en sí mismo, libre, inteligente, moral y soberano. Es infinito en todas sus cualidades. No hizo el mundo de algo preexistente, ni lo formó tampoco de sí mismo. Dios creó lo que no existía.

El método que se usó en la creación no se explica en la Biblia; simplemente se afirma y se da por sentado. La creación de Dios fue el resultado de su propósito inteligente. Las diferentes partes de la vida total de su creación se relacionaban unas con otras. La creación se caracterizó por el orden, la continuidad, la reproductivi̇ y la unidad.

En general, el concepto cristiano de la creación es que el uni̇ provino de Dios. La "persona", la "mente" y la "voluntad" de D.os son el único motivo, causa y explicación de la creación. Dios existió primero. Él no sólo hizo que existieran el mundo físico y el ser humano, sino que estos continúan dependiendo de Él. Los cristianos rechazan totalmente cualquier teoría que pudiera identificar a Dios con la naturaleza, o la creencia de que Dios creó al mundo y se apartó de él dejándolo a su propia suerte. Nuestras ideas con respecto al matrimonio y a la sexualidad deben fluir de manera lógica a partir de esta aseveración inicial de que Dios creó el universo y a todas las formas de vida.

Segunda proposición

Dios creó al hombre y a la mujer como personas individuales,
COMPUESTAS DE CUERPO Y MENTE (de carne y espíritu).

Dios creó a cada hombre y a cada mujer y les dio un alma, un yo, una unidad, una personalidad compuesta de mente (con características espirituales, mentales, emocionales, sociales y morales). Al mismo tiempo, los creó con cuerpos de carne (con características físicas, reproductivas y sexuales). En el principio, el hombre era inocente de pecado y fue dotado por su Creador con la libertad para elegir.[1] Pero por su libre elección, el hombre pecó contra Dios y trasmitió el pecado a toda la raza humana. La salvación del pecado implica la redención del hombre en su totalidad, y se ofrece gratuitamente al que acepta a Jesucristo como Señor y Salvador, el cual al derramar su sangre en la cruz, logró la redención eterna de todo el que cree. Esta salvación le devuelve al hombre el compañerismo con Dios y lo capacita para que cumpla en su vida el propósito creativo de Dios. Lo sagrado de la personalidad humana se hace muy evidente por el hecho de que Dios creó al hombre a su propia imagen y Cristo murió por el hombre. Por lo tanto, la idea de que el valor se encuentra en las personas, no en los animales ni en las cosas, es

---

1 Esta descripción del hombre está basada en *Baptist Faith and Message* [Fe y mensaje bautistas] adoptado por la Convención Bautista Sureña de los Estados Unidos en Kansas City, Missouri, 9 de mayo de 1963.

inherente a la mente creadora de Dios. Esto significa que todo hombre y toda mujer poseen dignidad, mérito y valor. Esta naturaleza sagrada de la vida humana no debe ser violada ni utilizada con fines egoístas. Toda persona es digna de respeto y del amor cristiano.

Tercera proposición

Los hombres y las mujeres tienen muchas NECESIDADES que tienen que ver con el alma y el cuerpo.

El propósito de la vida es vivir de acuerdo con el plan y la voluntad de Dios. Él no sólo creó las necesidades del hombre y de la mujer, sino que creó también los procesos mediante los cuales pueden ser satisfechas esas necesidades. Estas necesidades y estos procesos son moralmente buenos cuando se les permite operar conforme al plan del Creador, dentro de la estructura normal de la interacción social. Cuando el hombre y la mujer viven de esa manera, glorifican a Dios, su Creador.

Cuarta proposición

El matrimonio es una institución SOCIAL creada por Dios.

Dios no sólo creó al varón y a la hembra, sino que las Escrituras dicen que fue su plan para ellos que se juntaran en la relación social que llamamos "matrimonio". La naturaleza de esta relación social se observa en Génesis 2:24: "Por tanto, dejará el hombre a su padre y a su madre, y se unirá a su mujer, y serán una sola carne" (véanse Mateo 19:5; Marcos 10:7). Según la costumbre matrimonial tradicional en ciertas culturas orientales, el joven trae a su esposa a su hogar para que viva junto con los padres, abuelos y otros familiares de él. Por la parte del hombre, los parientes consanguíneos viven todos juntos. Las fallas de este sistema humano son obvias. Dios, mediante la revelación judeocristiana, ordenó que el hombre *dejara* a su padre y a su madre, eligiera a su esposa y viviera con ella en una nueva unidad social integrada por el hombre, su esposa y sus hijos. Esta unidad social creada divinamente — la familia — es la cuna de la personalidad humana. Es la fuente de la que fluye la seguridad humana, el semillero de los valores humanos fundamentales, la ciudadela de la civilización y el fundamento social del reino de Dios.

Quinta proposición

El matrimonio cristiano es una relación PERMANENTE.

La declaración clásica de Jesús en cuanto a la duración del matrimonio es: "Por tanto, lo que Dios juntó, no lo separe el hombre" (Marcos 10:9). El concepto cristiano del matrimonio exige una relación permanente, siendo una sola carne, entre un hombre y una mujer. Esta relación permanente, llamada monogamia, es la mejor forma de satisfacer la totalidad de las necesidades del esposo, de la esposa y de los hijos.

No se debe creer que la única evidencia a favor de una relación matrimonial permanente, siendo una sola carne, es el mandamiento bíblico. Están involucrados muchos otros hechos pertinentes. La proporción numérica de los sexos es aproximadamente igual. Durante el embarazo y el período de lactancia de la mujer, alguien debe suplir las necesidades de una mujer y de su progenie. Los deseos y la actividad sexuales de los hombres y de las mujeres no son estacionales sino continuos. El largo período de la niñez, desde el nacimiento hasta la adultez, conlleva la necesidad de que haya adultos maduros que alimenten, protejan y guíen a los niños en su desarrollo. Mientras crecen, los niños necesitan amor, compasión y comprensión de ambos padres para que puedan desarrollar personalidades normales.

La monogamia es la forma más sencilla de agrupamiento familiar. Sirve para la regulación y la organización sociales, y provee la intimidad necesaria para que haya amor, compasión y comprensión en las relaciones esposo-esposa y padres-hijos. Toda persona tiene el derecho social de saber quiénes son sus familiares. Los niños tienen el derecho de saber quiénes son sus padres. La esposa tiene el derecho de saber quién es el padre de sus hijos. Sólo la fidelidad en un matrimonio permanente que es una sola carne puede asegurar estos derechos. Estos y otros hechos semejantes, cuando se observan juntos a la luz de las Escrituras, nos permiten decir, sin temor a equivocarnos, que una relación matrimonial permanente en un sola carne *es* el plan creativo de Dios.

Sexta proposición

El matrimonio es una relación REPRODUCTIVA.

Las Escrituras mandan a esposos y esposas: "Fructificad y multiplicaos; llenad la tierra" (Génesis 1:28). Scudder señala que: "El plan *creativo* de Dios no está completo hasta que nace una nueva vida como resultado de la unión en una sola carne... Ninguna pareja normal debe casarse con la intención de no tener hijos. Hacer esto sería renunciar a una verdadera y completa realización."[1]

Séptima proposición

El matrimonio es una relación SEXUAL.

Al citar las antiguas palabras de Génesis (2:24), Jesús dijo: "Los dos serán una sola carne" (Mateo 19:5). Este pasaje se refiere a la relación sexual entre el esposo y la esposa dentro del matrimonio. El relato de Génesis de la creación y la interpretación de Jesús de ese relato muestran claramente que el "sexo" se originó en la mente de Dios. El sexo es idea de Dios. La relación física sexual como un acto y una experiencia forma parte del plan de Dios para el hombre y la mujer. Las enseñanzas judeocristianas indican que la "hombría" y la "femineidad" de la vida humana reflejan la imagen de Dios.

Octava proposición

La naturaleza sexual del hombre y de la mujer es tanto ESPIRITUAL-EMOCIONAL-MENTAL como física.

El sexo, como una experiencia creada por Dios, no se puede separar de las actitudes espirituales-emocionales-mentales ni de los sentimientos. Una actitud de amor, de romanticismo y de felicidad entre el esposo y la esposa estimulan la expresión sexual. Una actitud de temor, de frustración, de vergüenza, de culpa o de infelicidad bloquea la expresión sexual. El temor es el más grande enemigo de la vida sexual normal. J. A. Fritze dice: "El sexo es una actitud mental. Si es que la hay, es muy poca la motivación orgánica para una cohabitación sexual entre el hombre y la mujer. Orgánicamente, el cuerpo halla su propia compensación al liberar sus necesidades."[2]

---

1 C. W. Scudder, *The Family in Christian Perspective* [La familia desde una perspectiva cristiana] (Nashville: Broadman Press), 1962, p. 32.

2 Ponencia inédita leída en la Conferencia Groves sobre Matrimonio y Familia, en Columbus, Ohio, 6 de abril de 1960.

Sylvanus M. Duvall expresa esta idea con hermosas palabras: "El acto sexual es una de las maneras de canalizar muchos sentimientos... Estos sentimientos o emociones se asemejan a corrientes de agua que procuran encontrar un cauce de salida. Algunos son pequeños y débiles... [otros son] grandes y fuertes... Pero fuertes o débiles, grandes o pequeños, todos tratan de encontrar canales a través de los cuales puedan fluir y encontrar expresión."[1]

Nuestra sociedad usa la hermosa palabra "amor" para describir las actitudes y los sentimientos espirituales-emocionales-mentales entre novios y entre esposos. A pesar de que la actitud y el sentimiento llamado amor es difícil de aislar, describir o definir, objetivamente podemos considerar que sí existe. El amor es real. Puede ser correspondido. Podemos experimentarlo. Nos afecta cuando lo experimentamos y cuando dejamos de experimentarlo. El amor no es una entidad metafísica; es una actitud mental. No es sólo un enamoramiento pasajero; es una relación sólida. No es sólo romance; más bien incita y estimula el verdadero romance. No es sólo un deseo instintivo de reproducción, aunque lleve a la reproducción. Sin duda, no constituye sólo el deseo sexual, aunque tiende a expresarse en una relación sexual con la persona amada. No es sólo algo mental o una emoción, aunque opera en la naturaleza emocional y mental de las personas. No es sólo una relación humana cualquiera, sino una relación humana especial. No es sólo una unión, sino algo que incita a la unidad. No es sólo simpatía, sino preocupación por la otra persona. No es sólo empatía, sino una empatía práctica. No constituye devoción a un ideal. Conlleva ideales, pero estos están siempre vinculados a personas. El amor es una actitud personal íntima y una relación emocional íntima entre dos personas del sexo opuesto que se caracteriza por la devoción recíproca, el sacrificio personal y los esfuerzos por desarrollar y enriquecer la personalidad total de la otra persona. El hecho de que el amor puede variar, acercarse a la perfección, tener altibajos o fallar, no cambia el hecho de que el amor es algo real. El Comité de Vida Familiar de la Iglesia Luterana distingue entre amor y sexo cuando dice que: "El sexo sirve como un medio a través del cual se expresa el amor. El encuentro de dos

---

1 Sylvanus M. Duvall, *Men, Women and Morals* [El hombre, la mujer y la moral] (Nueva York: Association Press, 1952), pp. 89-90.

cuerpos no puede por sí mismo crear amor. Sólo puede expresar un amor que ya existe."[1]

La importancia de esas actitudes espirituales-emocionales-mentales y de los sentimientos en la expresión sexual difícilmente pueden ser sobreestimados. Este aspecto de la sexualidad representa por lo menos el cincuenta y un por ciento de la experiencia total.

Al mismo tiempo, la experiencia sexual es física. La expresión sexual en el coito implica una actividad física. Esta actividad incluye cierta estimulación física directa, la unión de los órganos genitales, una tensión muscular, seguida de una explosión muscular de la región pélvica que se irradia por el resto del cuerpo. Este acto físico proporciona alivio físico. El lado físico de la sexualidad humana es real, tangiblemente real. C. W. Scudder comenta: "'Una carne' se refiere con toda claridad a la unión carnal de los cuerpos... Jesús emplea la palabra 'sarx' en Mateo 19:5 para hablar de 'el cuerpo'. En el matrimonio, según esta traducción, el esposo y la esposa se convierten en 'un cuerpo'."[2] A pesar de que los escritos judeocristianos no vacilaron en hablar en términos del "cuerpo", no separaron la expresión de la carne de la persona total.

El concepto cristiano de la interacción entre la mente y el cuerpo en la sexualidad se ilustra en la declaración de Pablo: "¿O ignoráis que vuestro cuerpo es templo del Espíritu Santo, el cual está en vosotros, el cual tenéis de Dios, y que no sois vuestros? Porque habéis sido comprados por precio; glorificad, pues, a Dios en vuestro cuerpo" (1 Corintios 6:19-20). Pablo estaba advirtiendo a los cristianos de Corinto de los excesos sexuales que prevalecían en esa ciudad. Les decía que el cuerpo humano es un "templo", un tipo de "lugar santísimo" en el que mora el Espíritu Santo de Dios. Se nos exhorta a "glorificar a Dios" en nuestro cuerpo. Aquí vemos el pensamiento judeocristiano que nos llama a utilizar el cuerpo físico en experiencias humanas agradables a Dios.

La enseñanza cristiana con respecto a la sexualidad se puede entender sólo en términos de la Segunda proposición: "Dios creó al hombre y a la mujer como unidades compuestas *de mente y cuerpo*."

---

1 Oscar E. Feucht (editor), *Sex and the Church* [El sexo y la iglesia] (St. Louis: Concordia Publishing House, 1961), Volume V of the Marriage and Family Research Services, p. 224.

2 Scudder, op. cit., p. 24.

"No se puede separar lo físico de lo espiritual; van juntos. Lo uno sostiene y fortalece a lo otro. Lo espiritual redime y capacita lo físico; lo físico expresa y comunica lo espiritual."[1] Cualquier esfuerzo por ignorar, evitar, bloquear o destruir la actividad de lo espiritual-emocional-mental, o de la naturaleza carnal-corporal-física del hombre y de la mujer es anticristiano y no realista. "El cuerpo sin espíritu está muerto" (Santiago 2:26). Por esto, tanto la interpretación materialista como la ascética del matrimonio destruirían a la sociedad si se permitiera que alguno de sus postulados controlara la vida humana.

Novena proposición

La sexualidad es sólo UN ASPECTO DE LA PERSONALIDAD TOTAL.

El cuerpo físico es una unidad, pero está constituido por muchas partes. En su plan creativo de la naturaleza, Dios le ha dado funciones importantes a cada parte del cuerpo, y estas partes funcionan juntas como un todo en una relación de cooperación unas con otras.[2] De la misma manera, la personalidad humana está constituida por muchas partes o compartimientos. El aspecto sexual de la naturaleza humana es sólo uno de los componentes de la personalidad total. El desarrollo normal de la personalidad implica la cooperación de todas las partes, en el que cada una funciona de acuerdo a un propósito específico. La expresión sexual, tanto en el hombre como en la mujer, tiene que ver con la persona total, con la personalidad completa. J. A. Fritze señala: "Dividir la entidad total de un individuo en personalidad y sexo es semejante a tratar de separar la sociedad de la economía."[3]

Décima proposición

La sexualidad fue concebida por el Creador para que fuera una relación PERSONAL PLACENTERA entre esposo y esposa.

---

1 David R. Mace, *Whom God Hath Joined* [Lo que Dios ha unido] (Filadelfia: The Westminster Press, 1953), p. 30.
2 Véase 1 Corintios 12:14, 24,25.
3 Fritze, op. cit., p. 1.

En Proverbios 5:19, a un hombre joven se le enseña que "sus caricias te satisfagan en todo tiempo, y en su amor recréate siempre." Sylvanus M. Duvall dice: "El coito es sin lugar a dudas el placer físico más intenso que se conoce. Este placer está íntimamente vinculado con la liberación de la tensión física."[1] El Comité de Vida Familiar de la Iglesia Luterana escribe: "La aprobación del placer sexual... está implícita... en el hecho de que es obvio que el puro deleite sexual es el tema dominante en el Cantar de los cantares de Salomón." Este comité resumió el concepto hebreo del sexo de la manera siguiente: "Está claro que el sexo en el Antiguo Testamento es visto como un don valioso de parte de Dios. Su propósito no es sólo traer niños al mundo sino proveer la satisfacción de una de las más grandes necesidades del género humano, y para su puro disfrute... El matrimonio es considerado como la manera divinamente ordenada mediante el cual los hombres y las mujeres satisfacen sus necesidades emocionales y físicas y contribuyen a la continuación de la sociedad. El sexo no tiene que ser explicado, justificado o cubierto con un halo de espiritualidad. El sexo es bueno en sí mismo."[2]

En el pasado, muchos grupos de la corriente histórica del cristianismo han tendido a rehuir la idea de que Dios aprueba el sexo para el "placer" entre el esposo y la esposa, pero la mayoría de nosotros cree que esa actitud no se basa en conceptos bíblicos, sino más bien en la creencia inconsciente de diversos grados de dualismo ascético. La unidad cuerpo-mente de la persona total, como se ha dicho antes, deja la senda abierta para que sean bien vistas las relaciones sexuales entre el esposo y la esposa, como un "placer personal". Dios tuvo a bien de utilizar la creación de lo físico como un medio para llevar a cabo sus propósitos creadores. Rehuir el hecho de que el plan creativo de Dios incluye el placer personal en las relaciones sexuales entre el esposo y la esposa carece de sentido.

Undécima proposición

La sexualidad en el matrimonio fue concebida como UN MEDIO PARA ALCANZAR OTROS FINES, nunca como un fin en sí mismo.

---

1 Duvall, op. cit., p. 67.
2 Feucht, op. cit., pp. 17, 25.

A pesar de que podemos hablar del sexo como un placer personal, esto no significa que este placer tiene que ser endiosado o idolatrado. El autocontrol sexual es la máxima vía para la realización personal del individuo. Es sólo a través del autocontrol que el ser humano puede usar la sexualidad para la gloria de Dios. El valor del placer sexual se encuentra en su función. Su función es lograr ciertos fines o propósitos específicos, tales como un desarrollo más eficiente de la personalidad, el mejoramiento de la naturaleza social de la familia, y un aumento en la relación espiritual entre las personas y Dios.

Duodécima proposición

La relación física sexual fusiona al esposo y a la esposa en una UNIDAD FÍSICA TOTAL.

El libro de Génesis enfatiza que el esposo y la esposa "serán una sola carne" (2:24). Jesús, al mostrarse de acuerdo con este concepto del Antiguo Testamento, dice: "Y los dos serán una sola carne; así que no son ya más dos, sino uno" (Marcos 10:8). La naturaleza de esta unidad "en una sola carne" es a la vez espiritual y física. Scudder usa dos ilustraciones apropiadas, tomadas de C. S. Lewis, para describir el propósito de Dios al crear la experiencia de ser una "sola carne". El dice: "La mujer fue creada para satisfacer las necesidades del hombre, y de igual manera el hombre debe satisfacer las necesidades de ella. Cualquiera de ellos sin el otro está incompleto. La llave y la cerradura como un solo mecanismo, y el violín y el arco como un solo instrumento... ilustran esta unidad de dos que se convierten en uno. Se puede notar con claridad que ni la cerradura ni la llave pueden llevar a cabo el propósito para el que fueron creadas, sin la ayuda de la otra. Juntas funcionan como una cerradura completa. Ni el violín ni el arco pueden realizar su función uno sin el otro, sino que, como alguien ha dicho, es juntos que pueden ofrecer una dulce música; juntos constituyen un instrumento musical completo. Lo mismo ocurre con el hombre y la mujer: juntos pueden llevar a cabo la función para la que fueron creados. Son incompletos hasta que se unen y se convierten en un ser humano 'completo'."[1]

---

1 Scudder, op. cit., pp. 31-32.

Decimotercera proposición

El propósito fundamental y verdadero del placer sexual en el matrimonio es UNIR AL ESPOSO Y A LA ESPOSA EN UNA RELACIÓN PARA TODA LA VIDA.

Si el solo placer del acto sexual fuera un fin en sí mismo, como lo proclama el materialismo, entonces las relaciones sexuales fuera del matrimonio serían la consecuencia lógica. Este punto de visto tiene que ser rechazado. Puesto que en el plan creativo, el placer sexual tiene el propósito de unir al esposo con la esposa en una relación para toda la vida, es lógico que las relaciones sexuales fuera del matrimonio sean una violación del plan original de Dios. El testimonio de las Escrituras muestra que el propósito de Dios en la creación fue que el esposo y la esposa disfrutaran regularmente de la experiencia sexual durante toda su vida, con el propósito de unirlos en una relación permanente de por vida.

Decimocuarta proposición

El plan unitivo de Dios exige que el placer sexual sea una experiencia MUTUA entre esposo y esposa.

Esto significa que ambos, la esposa y el esposo, deben tener un claro clímax sexual, un orgasmo, en sus experiencias sexuales regulares. Fritze señala: "Normalmente la motivación mental y emocional que lleva al hombre y a la mujer a cohabitar sexualmente es la misma. La idea popular de que las mujeres son más frías que los hombres... es falsa."[1] David Mace dice: "La función unitiva del sexo es consumar la unidad del esposo y la esposa tras su matrimonio, y renovar y mantener continuamente esa unidad a lo largo de toda su vida de casados. Este fin será logrado sólo si hay una experiencia de satisfacción mutua. Si una de las partes sólo busca recibir y no dar, lograr la gratificación personal en vez de proporcionar felicidad, el resultado puede ser resentimiento en vez de contentamiento... Con esto quiero decir que el esposo y la esposa deben aprender juntos el arte de la relación sexual en la cual haya satisfacción mutua. Esto requerirá tiempo y paciencia."[2] (Los capítulos 4 y 5 describen de

---

1 Fritze, op. cit., p. 1.

manera detallada las técnicas que ayudan al esposo y a la esposa a hacer de la expresión sexual una experiencia mutua satisfactoria.)

Decimoquinta proposición

Una relación amorosa feliz entre el esposo y la esposa provee el AMBIENTE HOGAREÑO ADECUADO para el crecimiento y la madurez de los hijos.

La propagación de la raza humana (sexta proposición) es un punto fundamental en el plan total de la creación. De acuerdo con el plan creativo, hay un largo período entre el nacimiento y la madurez adulta. Las necesidades básicas de los niños no son de índole sexual, sino emocional. El largo proceso del crecimiento implica muchas presiones y tensiones, y el desarrollo de la personalidad del niño está determinado por la calidad de las relaciones totales entre él y sus padres. El único ambiente adecuado para los hijos es un hogar donde los dos cónyuges sean felices, estén profundamente comprometidos uno con el otro y se amen uno al otro profundamente.

Así, pues, en la infinita sabiduría de Dios, Él planificó a propósito la vida humana para que el esposo y la esposa pudieran expresar de manera regular su amor y entrega el uno al otro mediante una relación sexual satisfactoria. Esta relación fue ideada para ayudar, cultivar, alimentar, fortalecer y mantener frescos el amor personal y la devoción entre el esposo y la esposa. La reproducción y la sexualidad son hermanos siameses en el plan creativo de Dios. Son dos sistemas individuales en el plan creativo, pero están relacionados entre sí de una manera compleja.

Los líderes cristianos no le han sacado provecho al hecho de que las teorías acerca del matrimonio propugnadas por el materialismo fallan por completo en cuanto a este aspecto de proveer un ambiente adecuado para los hijos.

Decimosexta proposición

La naturaleza sagrada y personal del sexo exige RECATO en cuanto a las relaciones sociales y PRIVACIDAD en cuanto a las relaciones sexuales.

---

4   Mace, op. cit., p. 44.

La relación física sexual no es un episodio superficial, frívolo y casual. Es, más bien, una actividad profunda que involucra lo más íntimo del hombre y de la mujer. La relación sexual es tan central e importante en las relaciones humanas, que exige fidelidad, honor, respeto, autocontrol y responsabilidad. El recato es necesario porque el sexo es sagrado y personal. El recato es parte del orden divino de la creación, y surge del plan, del propósito y de la voluntad de Dios para el matrimonio. No hay que confundir el recato con la ignorancia, la arrogancia o el sentimiento de superioridad. Por el contrario, el recato es inteligencia, humildad, devoción y rectitud, todas combinadas en una sola. Una mujer recatada puede, con dignidad, mostrarse alegre, jovial y jubilosa. No hay ninguna evidencia en nuestra investigación que indique que el digno recato sea un obstáculo para disfrutar de una buena vida sexual.

El insistir en que haya privacidad en las relaciones sexuales y amorosas no significa que éstas sean malas; que debamos avergonzarnos de ellas; o que experimentemos sentimientos de culpa por ellas. Significa, más bien, que esas relaciones son íntimas, personales y sagradas. El amor exige intimidad; pierde algo cuando tiene espectadores. David Mace expresa esta idea cuando escribe: "El tipo de matrimonio que es mejor, más estable y más satisfactorio es aquel en que la pareja considera su vida íntima como un huerto cercado donde nadie más entra, un pequeño reino privado, alejado del apresuramiento y del tráfago del mundo, en el que pueden dar rienda suelta a su amor mutuo, y ser reavivados y renovados. Permitir que un intruso irrumpa en ese huerto, o que un usurpador invada ese reino, sería amenazar de grave peligro y hasta de destrucción el mismo corazón del matrimonio."[1]

Decimoséptima proposición

No hay ningún conflicto entre el proceso de VIVIR UNA VIDA CRISTIANA PIADOSA y el proceso de ALCANZAR Y DISFRUTAR DE UN BUEN AJUSTE SEXUAL en el matrimonio.

Una vida cristiana piadosa y un buen ajuste sexual en el matrimonio se complementan entre sí. Si una pareja casada se consagra a los

---

1 Mace, op. cit., p. 30.

ideales cristianos, esto debe potenciar la eficiencia y la felicidad en la vida sexual. Por otra parte, un buen ajuste sexual en el matrimonio debe propiciar una relación espiritual íntima, entusiasta y personal entre la pareja y Dios. "Los esposos cristianos, en la medida en que logren juntos una experiencia profundamente satisfactoria en que satisfagan todas sus necesidades y cumplan con los propósitos por los cuales esta experiencia fue ordenada, deben ser capaces de reflejar el gozo y la satisfacción del Creador y reverentemente darle las gracias por las bendiciones de la unión sexual."[1]

Decimooctava proposición

El sexo es DESTRUCTIVO cuando funciona fuera del plan creativo del matrimonio.

"Si un árbol está saludable, la lluvia y el sol lo harán crecer. Si no lo está, estos mismos elementos harán que se pudra."[2] De igual manera, las relaciones sexuales practicadas dentro del plan creativo de Dios hacen que la vida matrimonial sea rica y saludable. Cuando el sexo es aislado y se le permite operar fuera del plan creativo, se vuelve antisocial e inmoral. Se vuelve pecaminoso. El pecado es una condición interna del corazón que hace que la persona se rebele en pensamiento, palabra o acción, contra Dios, contra su voluntad y contra su plan creativo. La promiscuidad sexual paraliza el desarrollo espiritual, erosiona el carácter de la persona, desintegra la personalidad e impide ejercer la responsabilidad social. Engendra aburrimiento, infelicidad y desesperación; destruye a las personas. Scudder considera que "toda expresión sexual fuera de la vida matrimonial produce frutos amargos..."[3] Bowman piensa que "cuando se usa rectamente, del sexo surgen algunas de las satisfacciones más profundas, las relaciones humanas más significativas, lo más hermoso del que es capaz el hombre. Pero del sexo mal usado surgen algunas de las desilusiones más profundas, las relaciones personales más trágicas, las monstruosidades más escandalosas conocidas por el hombre."[4]

---

1 Mace, op. cit., p. 40.
2 Clyde T. Francisco, *The Young People's Teacher* [El maestro de jóvenes] (Nashville: Convention Press, July, 1964), p. 49.
3 Scudder, op. cit., p. 35.

Decimonovena proposición

Lo que es CORRECTO en el comportamiento sexual se debe determinar por el plan creativo de Dios y no por las prácticas culturales del momento.

La cultura está siempre en movimiento, oscilando y cambiando. Pero la persona de Dios, la naturaleza de Dios, el plan creativo de Dios no cambia. El desarrollo de la vida cambia muy poco, si es que de veras cambia. La naturaleza y las necesidades del hombre y de la mujer siguen siendo las mismas. Los procesos de reproducción y las necesidades de los hijos durante su crecimiento siguen patrones fijos uniformes. Es fácil caer en la trampa de exaltar los cambios sociales insignificantes y superficiales e ignorar la condición permanente del plan creativo de Dios. Para la comunidad cristiana resulta inconcebible no tomar en cuenta los cambios culturales. Siempre son necesarios ciertos ajustes de acuerdo con los cambios sociales. Sin embargo, es doblemente inconcebible que nosotros cortemos las anclas divinas y nos lancemos a las oscuras aguas del cambio cultural, dirigido en su mayor parte por ambiciosos buscadores de poder, por intereses personales egoístas y por falsos arribistas sociales. La familia cristiana debe permanecer siempre anclada en el plan creativo de Dios. Este plan se conoce y se comprende no sólo a través de un humilde respeto por la revelación divina, sino también a través de los hechos objetivos de la ciencia, de la razón lógica e inteligente, y de la experiencia personal, social e histórica.

Vigésima proposición

La importancia del sexo en la vida humana exige una concienzuda PREPARACIÓN PREMATRIMONIAL Y UN BUEN ASESORAMIENTO.

Los chicos y las chicas se hacen adultos y se casan sin saber cómo tener una vida sexual satisfactoria, dejándose llevar sólo por el instinto. En realidad, una relación sexual satisfactoria en el matrimonio es un proceso bastante complejo que tiene que aprenderse.

---

5 Henry A. Bowman, *A Christian Interpretation of Marriage* [Una interpretación cristiana del matrimonio] (Philadelphia: The Westminster Press, 1952), p. 15.

Normalmente, cuando una persona inicia una nueva relación o actividad en nuestra sociedad, se le da información y se le enseña cómo tener éxito en la nueva experiencia. No esperamos que nuestros hijos sean buenos pianistas o violinistas sin una cuidadosa instrucción. En el pasado, en vez de darles a las jóvenes parejas una cuidadosa instrucción en el proceso de ajuste sexual dentro del matrimonio, los dejábamos llegar al matrimonio con muy pocos conocimientos, mezclados con muchos mitos y mucha información errónea con respecto al sexo. El resultado de esta negligencia muchas veces ha sido tristeza y tragedia. Puesto que el plan creativo ha determinado que el sexo tenga una importancia fundamental en el matrimonio, la comunidad cristiana debe cambiar su forma de proceder y desarrollar un programa de concienzudo asesoramiento y adiestramiento prematrimoniales en el campo del sexo. En el Apéndice III se dan algunas sugerencias positivas para pastores y otros líderes de la iglesia.

Capítulo 3

Los órganos reproductores y sexuales

El, respondiendo, les dijo: ¿No habéis leído que el que los hizo al principio, varón y hembra los hizo?

Mateo 19:4

Además, el cuerpo no es un solo miembro, sino muchos... pero Dios ordenó el cuerpo, dando más abundante honor al que le faltaba, para que no haya desavenencia en el cuerpo, sino que los miembros todos se preocupen los unos por los otros.

1 Corintios 12:14, 24, 25

Las jóvenes parejas que se casan se preocupan con toda razón por el buen ajuste sexual. No sólo es importante que entiendan la perspectiva cristiana en cuanto a la sexualidad, la cual tratamos en el capítulo 2, sino que es necesario también que entiendan la naturaleza y el propósito de los órganos reproductores y sexuales. Este conocimiento ayudaría tanto al esposo como a la esposa a entenderse a sí mismo y también a comprenderse mutuamente al iniciar la relación matrimonial.

Este capítulo presentará un breve esbozo de los órganos reproductores y sexuales, tanto del hombre como de la mujer. La exposición debe considerarse a la luz de la doctrina cristiana de la sexualidad. El entender correctamente esta parte de la vida humana debe acrecentar nuestra fe en Dios. Hay muchas fuentes de evidencia que indican la existencia de Dios. Una de las evidencias más importantes es la estructura maravillosa, intrincada y compleja del cuerpo humano. Se pudiera decir lo mismo en cuanto a los sistemas reproductor y sexual, cada uno de los cuales es parte de una unidad total, nuestro cuerpo. Siempre que estudiamos el plan y el propósito de estos sistemas, encontramos abundantes evidencias de que Dios, nuestro Creador, tiene todo planificado.

Dirijamos ahora nuestra atención a la descripción de los órganos reproductores y sexuales, tanto del hombre como de la mujer.

LOS ÓRGANOS REPRODUCTORES Y SEXUALES MASCULINOS

(Véase la Ilustración 1)

LAS GÓNADAS. Las dos gónadas, llamadas a veces *glándulas sexuales, testes,* o *testículos,* son órganos de forma ovalada, a los que se pudiera llamar la "fábrica" que produce los *espermatozoides.* La palabra espermatozoides significa "cosa viviente". Por lo general, en el lenguaje popular a los espermatozoides se les conoce como "espermas". Las espermas constituyen las células reproductoras del hombre que se unen a las células reproductoras femeninas para que se produzca la vida humana. Además, las gónadas producen una hormona sexual masculina llamada *testosterona* que juega una papel vital en las características físicas masculinas, como son la forma del cuerpo, la voz, el vello etc. El proceso de producción de las células espermáticas comienza aproximadamente entre los trece y catorce años de edad. Este período en la vida del muchacho se conoce como la pubertad. La producción de estas células continúa en los varones saludables hasta pasada la edad madura, y a menudo hasta la ancianidad. Las gónadas están dentro del *escroto*, que es un saco carnoso suspendido entre los muslos y unido al torso del cuerpo.

EL EPIDÍDIMO. El nombre proviene del griego "epi" que significa "sobre" y "dídimo" que quiere decir "gónada". De manera que el *epidídimo* es lo que está situado sobre la gónada. Es un conducto enrollado y unido a la parte superior de la gónada. Las células espermáticas salen de la gónada y pasan al epidídimo donde permanecen por un tiempo mientras maduran. Muchas veces al epidídimo se le llama el recipiente temporal de las células espermáticas.

EL CONDUCTO DEFERENTE. El término "deferente" significa "que lleva fuera". El *conducto deferente* es un tubo largo que se halla conectado con el epidídimo. Se extiende desde el escroto hacia la cavidad del cuerpo a través de una pequeña abertura de músculos en la pared abdominal. Dentro de la cavidad del cuerpo, el conducto

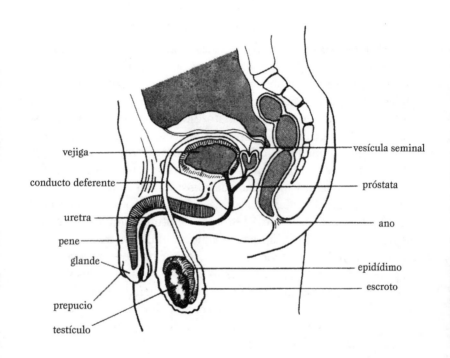

Ilustración 1. Órganos reproductivos masculinos

deferente termina finalmente en la *uretra,* el tubo dentro del pene que también descarga la vejiga.

LAS VESÍCULAS SEMINALES. La palabra "seminal" significa "relativo al semen". El *semen* está constituido de las células espermáticas y un fluido que transporta las espermas. La palabra "vesícula" significa "vaso" o "saco". Aunque las vesículas seminales parecen servir como un segundo reservorio temporal, comparten esta responsabilidad con la *ampolla.* La ampolla es el alargamiento final superior del conducto deferente. Las vesículas seminales también segregan un fluido que se convierte en parte del semen.

LA PRÓSTATA. La *próstata* es un órgano glandular y muscular que provee una secreción que se convierte en parte del semen. La parte muscular de la glándula prostática, juntamente con las vesículas seminales y el pene en estado de rigidez, se contrae y eyacula (descarga) el semen a través de la uretra hacia afuera del cuerpo.

EL PENE. El *pene* es un órgano tanto interno como externo. Se compone de un tejido poroso en el que se halla una red de vasos sanguíneos. Bajo los efectos del estímulo sexual, la sangre fluye hacia esos vasos sanguíneos. Al mismo tiempo, unas pequeñas válvulas se cierran automáticamente para evitar que la sangre se derrame. Mientras se mantiene el estímulo, la sangre sigue entrando, el pene se llena, se endurece y se mantiene erecto y rígido. Cuando cesa el estímulo o se produce la eyaculación, las pequeñas válvulas se abren poco a poco y la sangre sobrante regresa al sistema circulatorio. Este proceso de eyaculación del semen se llama *orgasmo.* En el argot popular se le llama generalmente "clímax". Este sistema de erección del pene y de eyaculación del semen, con el propósito de depositarlo en la vagina de la mujer para que se produzca la concepción, es una tremenda e ingeniosa obra de ingeniería de parte del divino Creador.

Cuando el pene se encuentra en estado de relajación, mide entre nueve y diez centímetros de largo, mientras que en la condición erecta mide entre trece y dieciséis.

La cabeza del pene se llama el *glande* y es un poco más grueso que el conducto del pene. El glande tiene una alta concentración de terminaciones nerviosas que juegan un papel importante en la excitación sexual del hombre. Estas terminaciones nerviosas no son diferentes a las que están en otras partes del cuerpo, sólo que se encuentran más densamente concentradas en el glande. Por lo general, al nacer, el glande está rodeado de una fina capa de piel llamada *prepucio*. Es importante que la abertura del prepucio del hombre adulto sea lo suficiente grande como para permitir que la cabeza del pene erecto se mueva hacia dentro y hacia fuera sin dolor o excesiva estrechez. Cuando no hay esta condición, el pene necesita ser circuncidado. La circuncisión es una sencilla operación en la que el cirujano corta la parte superior del prepucio y de esta manera libera el glande de su cubierta. El propósito de la circuncisión es doble: (1) permitir la limpieza e higiene correcta, y (2) permitir las experiencias sexuales normales y el control sexual. A pesar de que los judíos usaron la circuncisión como un símbolo religioso, hay evidencias de que conocían la utilidad práctica de ella. (Al nacer un niño varón, las parejas deben pedirle al obstetra que le practique la circuncisión, si es necesario.)

LOS ORGANOS REPRODUCTORES Y SEXUALES FEMENINOS

(Véanse las Ilustraciones 2 y 3)

LOS LABIOS MAYORES. Los *labios mayores* se componen de gruesos pliegues carnosos de tejido, cubiertos de pelos. Protegen los órganos genitales internos, que están cubiertos con delicadas membranas mucosas.

LOS LABIOS MENORES. Los *labios menores* se encuentran dentro de los labios externos. Son pequeños pliegues delgados de tejido cubiertos con una membrana mucosa.

EL CLÍTORIS. La palabra "clítoris" se deriva de la palabra griega *kleitoris* que significa "encerrar". Esto se refiere a que el órgano se encuentra oculto por los labios mayores y los labios menores. El *clítoris* de la mujer equivale al pene del varón. Se encuentra en el punto exterior más alto de los labios. Se asemeja al pene de dos maneras: (1) Está formado por un conducto, un glande (cabeza) y un prepucio. Este último es una pequeña capucha que cubre de forma parcial al clítoris. Está en la parte superior de los labios interiores en el punto donde se encuentran. (2) El glande del clítoris está formado por una abundante concentración de terminaciones nerviosas, y está destinado a producir excitación sexual cuando se lo estimula. El clítoris se diferencia del pene en que (1) carece de abertura, (2) no eyacula, y (3) no juega de manera directa un papel

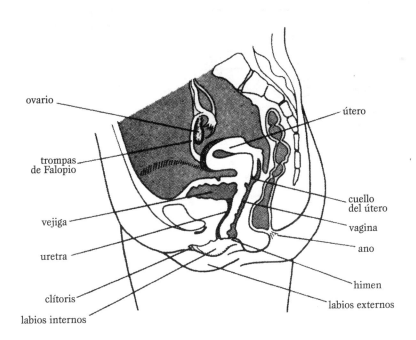

Ilustración 2. Órganos reproductivos y sexuales femeninos

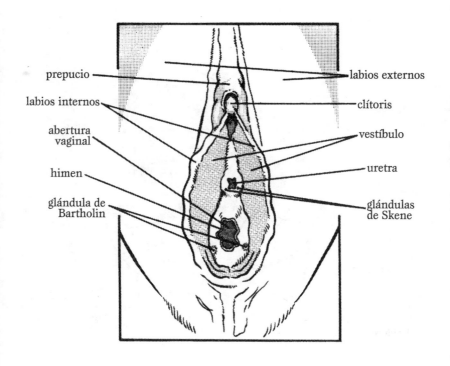

prepucio

labios internos

abertura
vaginal

himen

glándula de
Bartholin

labios externos

clítoris

vestíbulo

uretra

glándulas
de Skene

Ilustración 3. Vulva u órganos femeninos externos

en el proceso reproductor. Es exclusivamente un órgano de sensación sexual, el disparador externo que da lugar a la excitación sexual y al orgasmo.

Los labios mayores, los labios menores, el clítoris y la abertura externa de la vagina conforman los órganos femeninos externos. A veces se les llama "vulva" o "genitales".

LA VAGINA. La palabra "vagina" proviene del latín y significa "vaina", es decir, una funda donde se guarda una espada o una bayoneta, para resguardarla y protegerla. La *vagina* es la abertura entre la vulva y el útero que recibe el pene masculino en la relación sexual. Se compone de un delicado tejido muscular forrado por una membrana mucosa que se extiende en pliegues que ascienden suavemente. Normalmente, la vagina mide unos nueve centímetros de largo, pero puede estirarse hasta el doble o más sin que se sienta molestia alguna. La vagina es también un órgano reproductor, ya que a través de ella sale el flujo menstrual y es el canal por el que sale el niño durante el parto.

EL HIMEN. La palabra "himen" es un vocablo griego que significa "piel" o "membrana". El *himen* es un pliegue membranoso que cubre parcialmente la abertura de la vagina, y que se encuentra en la parte posterior de ella. Por lo general, tiende a impedir el coito. El himen varía de tamaño, estructura y grosor. Algunos hímenes son tan delgados y tienen tanta plasticidad que pueden sobrevivir a la relación sexual sin romperse. En algunos casos (muy pocos) el himen está ausente por completo. En ciertos casos el himen se puede romper por alguna actividad física excesiva o por un accidente. En otros, un médico tal vez tenga que romper el himen por razones médicas. Por otra parte, algunos hímenes son tan gruesos y fuertes que es imposible romperlos en la relación sexual. Cuando esto sucede, es necesario que un médico lo alargue o lo corte. Esto se puede determinar cuando se hace el examen pélvico prematrimonial. Si el himen se rompe en la primera relación sexual, puede haber un poco o mucho dolor y algún sangrado. La cuantía de dolor y de sangrado lo determina la estructura y el grosor del himen.

EL ÚTERO. La palabra "útero" es una palabra del latín comúnmente traducida como "matriz". El *útero* o *matriz* es un órgano muscular en forma de pera de unos nueve centímetros de largo por cinco de ancho. Es el sitio donde es protegido el embrión humano y donde se desarrolla hasta su nacimiento. El extremo más reducido del útero se abre hacia la parte superior de la vagina y se lo conoce como "cerviz". La abertura entre el útero y la vagina se llama el cuello uterino o de la cerviz. La fuerza muscular de las paredes del útero es la fuerza principal que expele al bebé a través del conducto vaginal en el momento del parto.

LOS OVARIOS. La palabra "ovario" proviene del latín "ovum", que significa "huevo". Los dos *ovarios* femeninos, uno a cada lado de la cavidad del cuerpo, son la contraparte de las gónadas masculinas. Además de producir las hormonas, que son las que determinan las características femeninas del cuerpo, los ovarios producen también las células reproductoras llamadas "óvulos".

Hay aproximadamente entre 300.000 y 400.000 óvulos en los ovarios de una bebé normal. Sólo 450 de ellos maduran y son enviados al útero, uno cada mes, desde la pubertad hasta la menopausia.

LAS TROMPAS DE FALOPIO. La palabra "Falopio" es el nombre de un anatomista italiano que realizó muchas investigaciones acerca de las *trompas de Falopio*. Estos dos tubos son los conductos que van de los ovarios al útero. Cada tubo tiene unos diez centímetros de largo. No están conectados de forma directa a los ovarios. Las proyecciones en forma de dedo del extremo más grande de los tubos interceptan al óvulo cuando éste sale del ovario y se dirige al útero.

Las parejas jóvenes, que se preparan para casarse, necesitan conocer los procesos fundamentales en cuanto a la *concepción* y la menstruación. De un ovario sale un óvulo cada mes o cada veintiocho días, en promedio. La salida del óvulo del ovario se llama el período de *ovulación*. Cuando las células espermáticas son depositadas en el interior de la vagina, pasan de forma rápida a través de la abertura cervical hacia el útero y se esparcen por las trompas de Falopio. Para que ocurra la concepción, la relación sexual debe ocurrir en el período de ovulación o muy cerca de éste. La ciencia médica no está segura de la duración de vida del óvulo y del semen. Algunos estudiosos sugieren unas doce horas para el óvulo y veinticuatro para el semen. Otros dicen que la duración es de cuarenta y ocho a setenta y dos horas, tanto para el óvulo como para el semen. Cuando un óvulo vivo se encuentra con un espermatozoide vivo, se unen y se produce la concepción. Por lo general, la concepción se produce en las trompas de Falopio. El huevo fertilizado se mueve poco a poco, en un período de tres a cinco días, a través de las trompas de Falopio hasta llegar al útero. Aquí se fija en la pared del útero y se desarrolla de manera gradual por un período de unos nueve meses. El período comprendido desde la concepción hasta el nacimiento se llama "embarazo".

El período menstrual es una parte vital de la naturaleza reproductora de las mujeres. La palabra "menstrual" se deriva de la palabra latina "mensis" que significa "mes". Durante el período en que el óvulo se desarrolla en el ovario, el revestimiento del útero aumenta de grosor y recibe una cantidad adicional de sangre. El aumento del revestimiento del útero tiene como propósito fijar al huevo fertilizado, mientras que el suplemento de sangre tiene como fin nutrirlo durante su desarrollo. Cuando no hay espermatozoides que fertilicen el óvulo, éste muere pronto y se pierde la esmerada preparación hecha dentro del útero. Por consiguiente, el revestimiento adicional del útero y el suplemento de sangre son expulsados del cuerpo a través de la vagina. Y el proceso comienza una vez más. Este ciclo mensual comienza aproximadamente entre los doce y trece años de edad (en la pubertad) y continúa hasta los cuarenta y cinco o cincuenta años aproximadamente. La terminación de este ciclo se llama *menopausia*. La palabra "menopausia" proviene de dos palabras griegas que significan "cesar" o "detenerse".

El proceso de la reproducción y el proceso del ciclo menstrual son dos ejemplos más de las grandes hazañas de ingeniería trazados por la mente infinita del Dios Creador.

Capítulo 4

Métodos básicos de ajuste sexual en el matrimonio

Hijo mío, está atento a mi sabiduría, y a mi inteligencia inclina tu oído... Bebe el agua de tu misma cisterna, y los raudales de tu propio pozo. ¿Se derramarán tus fuentes por las calles, y tus corrientes de aguas por las plazas? Sean para ti solo, y no para los extraños contigo. Sea bendito tu manantial, y alégrate con la mujer de tu juventud, como cierva amada y graciosa gacela. Sus caricias te satisfagan en todo tiempo, y en su amor recréate siempre.

Proverbios 5:1, 15-19

Afirmamos en el capítulo 2 que los creyentes no consideramos que el sexo, como tal, sea algo malo. El sexo es idea de Dios. Lo aceptamos así. El sexo es siervo del cristianismo. Para un creyente, el sexo dentro del matrimonio — de acuerdo con el plan de Dios, nuestro Creador — es bueno, hermoso y sagrado. Sólo el abuso y el uso equivocado del sexo es malo. Pero no sólo creemos que el sexo, como tal, no es malo, sino que creemos que los padres, los líderes cristianos, los pastores y las iglesias tienen la responsabilidad de ayudar a preparar a las parejas para la vida sexual responsable dentro del matrimonio. El propósito de este capítulo es presentar a las parejas que están pensando casarse ciertos principios amplios y hechos comprobados con respecto a los métodos básicos para el ajuste sexual dentro del matrimonio.

Las parejas que estén haciendo planes para casarse y que lean este libro por primera vez, ya sea juntos o por separado, quizás no encuentren muchas ideas que no hayan escuchado antes. Por tanto, no deben esperar mucha información nueva. Sin embargo, a pesar de haber leído y meditado mucho acerca de este tema, probablemente habrá algunas preguntas, algunas ansiedades y posiblemente algunos temores latentes con respecto al aspecto sexual del matrimonio. Quizás algunas ideas no estén muy claras. Esperamos aclarar y lograr que el lector concrete sus pensamientos en cuanto a estos puntos. Cuando el novio y la novia lean estos capítulos y los consideren juntos unas cuantas semanas antes del matrimonio, entonces podrán ir al matrimonio y a la luna de miel con la confianza de que ambos sabrán lo mismo. Este hecho es uno de los logros más importantes en el asesoramiento prematrimonial.

LA NATURALEZA DE LA EXCITACION SEXUAL

Comencemos el análisis del ajuste sexual dentro del matrimonio con la ilustración de un dueto entre piano y violín. Un piano y un violín son dos instrumentos diferentes, muy diferentes. Pero cuando dos músicos, tocando los instrumentos, hacen lo correcto, en el momento correcto y con la actitud correcta, el resultado es una música maravillosa. De la misma forma, los cuerpos físicos de un novio y una novia son diferentes, muy diferentes. No obstante, cuando ellos, dentro del matrimonio como esposo y esposa hacen lo correcto, en el momento correcto y con una actitud correcta, tendrán una hermosa armonía sexual al expresarse su amor mutuo. Es nuestra solemne responsabilidad ahora explicar cómo pueden los esposos hacer lo correcto, en el momento correcto y con la actitud correcta para llegar a ser *una sola carne* en el matrimonio. La mayor parte de lo que resta de este libro se ocupará de estos detalles.

Hay una regla general que consideramos brevemente en el capítulo dos y que se debe seguir. Revisemos y destaquemos esa importante verdad. Los esposos son responsable de satisfacer todas las necesidades sexuales el uno del otro en su vida conyugal. El esposo es responsable de satisfacer las necesidades sexuales de su esposa. Él debe excitarla regular y amorosamente hasta que ella logre una experiencia sexual completa, es decir, un clímax (orgasmo). De la misma manera, la esposa debe satisfacer las necesidades sexuales de su esposo. Ella debe también excitar a su esposo, en forma regular y amorosa, hasta que él logre una experiencia sexual completa, un clímax (orgasmo). El esposo no debe esperar que su esposa satisfaga sus propias necesidades, ni tampoco la esposa debe esperar que el esposo satisfaga sus propias necesidades. Más bien, motivados por el amor, querrán satisfacer mutuamente sus necesidades sexuales. De esta forma, las necesidades sexuales de ambos quedarán satisfechas de la manera más satisfactoria y hermosa.

En 1 Corintios 7:2-5 encontramos estas palabras: "... cada uno tenga su propia mujer, y cada una tenga su propio marido. El marido cumpla con la mujer el deber conyugal, y asimismo la mujer con el marido." En este pasaje "conyugal" significa sexual. Lo que dice el pasaje bíblico es que el esposo debe satisfacer las necesidades sexuales de su esposa y la esposa debe satisfacer las necesidades sexuales de su esposo. El pasaje sigue diciendo: "La mujer no tiene potestad sobre su propio cuerpo, sino el marido; ni tampoco tiene el marido potestad sobre su propio cuerpo, sino la mujer". Dentro del matrimonio, el cuerpo de la esposa no le pertenece a ella; le pertenece a su esposo y él lo gobierna. De la misma manera, en el matrimonio, el cuerpo del esposo no le pertenece a él, sino a su esposa, y ella lo gobierna.

Este pasaje está diciendo que en el matrimonio cada uno domina la vida sexual del otro para satisfacerse mutuamente. En el versículo 5, Pablo dice: "No os neguéis el uno al otro", es decir, no se nieguen a satisfacer mutuamente sus necesidades sexuales. Este pasaje señala claramente que tanto el esposo como la esposa son responsables desde el punto de vista moral de satisfacer las necesidades sexuales del otro.

Hay dos grandes problemas que tienden a bloquear el buen ajuste sexual en el matrimonio. Para que nos resulte fácil recordar estos dos problemas, lo llamaremos "tiempo" y "espacio" y los consideraremos en ese orden.

Por "tiempo" me refiero al hecho de que, en lo que se refiere al sexo, el cuerpo del hombre y el de la mujer siguen un ritmo diferente. Sexualmente, el hombre avanza rápidamente. Él puede excitarse muy pronto mediante la estimulación sexual con su esposa y por lo general alcanzar un orgasmo en un lapso muy corto: dos minutos, un minuto y hasta menos. Esto es normal para él. El esposo aprenderá de manera gradual a controlarse a sí mismo, pero tenderá a ser "rápido al apretar el gatillo" hasta que poco a poco aminorará la marcha durante la mediana edad y los años siguientes. Su esposa nunca le debe decir: "Bruto, ¿por qué no te controlas?" La esposa debe entenderlo en términos de su acelerado ritmo sexual, y entender que Dios lo creó así. Debe darse cuenta de que los esposos de todas las demás mujeres son también "rápidos al apretar el gatillo" así como su esposo es rápido para responder sexualmente. Claro que el joven esposo tratará de controlarse a sí mismo lo más posible y aprenderá a hacerlo.

Por otra parte, desde el punto de vista sexual, la esposa lleva un ritmo más lento, a veces muy lento si se lo compara con el del esposo. Puedo decir con toda seguridad que a la mujer le toma un promedio de diez a quince minutos más el comenzar a excitarse sexualmente y experimentar un orgasmo. Esto es después que se casa y adquiere experiencia en la relación sexual. A veces puede tener un orgasmo en diez minutos, en cinco o aun en menos. Hay unas pocas mujeres que en ocasiones especiales pueden tener un orgasmo en uno o dos minutos; esto es la excepción. En otras, puede demorar de veinte a treinta minutos y aun más tiempo. Esto puede variar de acuerdo a dónde se encuentra en su período menstrual. Además, otras circunstancias — tales como problemas personales, familiares o de la comunidad — pueden afectarla. La joven esposa aprenderá poco a poco a alcanzar el orgasmo en un período de tiempo más corto, pero no puede cambiar el hecho de que su naturaleza en cuanto a la excitación sexual es más lenta. Su esposo nunca le debe decir: "Eres un témpano de hielo, ¿por qué no te apuras?" El esposo debe entenderla en términos del hecho de que ella no es responsable de haber sido programada de una manera más lenta. Debiera darse cuenta de que las esposas de todos los hombres son semejantes a la de él y que Dios las creó a ellas de esa forma. El sexo en la mujer es tan real y satisfactorio como lo es en el hombre, pero es algo muy profundo en ella, una mina de oro espiritual. El joven esposo debe, con paciencia, amor, comprensión y ternura, hacer aflorar el interés sexual de ella, paso a paso, y de manera gradual traerlo a la superficie, permitiéndole a ella expresar su amor hacia él en un orgasmo. Esto sencillamente toma tiempo.

Cuando la joven pareja entiende su diferencia en el ritmo sexual y la aceptan y cooperan con ella, deja de ser un problema importante para convertirse, en realidad, en una bendición. Repito, la pareja debe *entenderla, aceptarla* y *cooperar con ella* para que se convierta en una bendición. Al decir que es una bendición, quiero decir que el período de estimulación y excitación sexual, ya sea de diez o de veinte minutos, puede convertirse en una de las experiencias espirituales más dulces y significativas en la relación esposo-esposa. Es sólo cuando una pareja no entiende o no coopera con sus diferencias en el ritmo sexual que esto se convierte en un problema.

El segundo gran problema que tiende a bloquear el buen ajuste sexual es lo que hemos llamado "espacio". El "espacio" es la distancia que hay en el cuerpo de la esposa entre el clítoris y la entrada al canal vaginal. El clítoris es el disparador de excitación externa que produce el orgasmo en la mujer. Está constituido por muchas terminaciones nerviosas destinadas por el Creador para que la mujer logre excitarse hasta llegar al orgasmo. Estas terminaciones nerviosas deben ser estimuladas de manera directa por medio del contacto físico para que la mujer se excite hasta el punto de tener un orgasmo. El clítoris se encuentra al frente en la parte superior del punto de unión de los labios interiores o labios menores. Por favor tenga en cuenta que en la mujer de tamaño promedio, la distancia del clítoris al canal vaginal es de un poco más de tres centímetros. Este es el espacio del que hemos estado hablando.

Imaginemos ahora la posición del canal vaginal. Tome nota que en la relación sexual en la que el hombre está encima de la mujer, el pene penetra en la vagina, no desde un ángulo por encima de la abertura vaginal sino, en realidad, desde un ángulo ligeramente por debajo de ella. Cuando imaginamos y entendemos este hecho, resulta claro que en una relación sexual normal el pene no toca ni hace contacto con el clítoris. Este hecho es muy importante. Ya que el pene no se mueve sobre el clítoris en la relación sexual, es posible que la esposa no se excite completamente y no tenga un orgasmo.

Una pareja puede usar otras posiciones para su relación sexual en la que el pene pueda ser forzado a moverse sobre el clítoris y así estimularlo de manera directa. Sin embargo, hay dos problemas en cuanto a esto. En primer lugar, esas posiciones tal vez no sean muy cómodas para el esposo o la esposa. En segundo lugar, muchos esposos no se pueden controlar por diez o quince minutos en ese tipo de relación sexual sin alcanzar un orgasmo antes de que su esposa se excite por completo.

Ya que el clítoris es el órgano clave para la excitacíon de la esposa, y que el pene no hace contacto con el clítoris en una relación sexual normal, los consejeros matrimoniales recomiendan lo que se llama estimulación "directa". Es decir, el esposo, en el proceso del juego amatorio antes de comenzar la relación sexual, estimulará suavemente todas las zonas eróticas del cuerpo de su esposa. Esto incluye besarle los labios y los senos, mientras usa sus manos y sus dedos para explorar y estimular todo el cuerpo de su esposa. Esto incluye la parte interior de sus muslos, los labios menores de la vulva, la abertura de la vagina, y por último el clítoris. Continuará estimulándole el clítoris por diez o quince minutos más, o todo el tiempo necesario, hasta que sienta que ella está excitada sexualmente por completo y lista para la relación sexual. No hay nada malo en esta técnica. Recuerde el dúo del piano y el violín. Una pareja debe hacer lo correcto, en el momento correcto, con la actitud correcta para lograr la excitación total y la plena armonía amorosa. Es normal en el juego amatorio y en el período de excitación que la pareja toque y acaricie los órganos sexuales del otro. Esto es algo placentero e importante en la expresión amatoria y así fue dispuesto por el Creador.

Hablaremos de esta técnica de excitación con más detalles en el capítulo 5. Lo que es importante recordar aquí es que *el clítoris es el órgano clave de excitación externa,* y que debe haber una estimulación ininterrumpida del clítoris y del área cercana al clítoris para que la mujer tenga un orgasmo. Sin embargo, el *método* de estimulación del clítoris no es tan importante. Cualquiera de los diferentes métodos puede ser satisfactorio. El hecho de que el clítoris *tiene que ser estimulado* es lo que es *importante* recordar. Si un esposo puede estimular lo suficiente a su esposa simplemente mediante el coito, y esto hace que ella tenga orgasmos con regularidad, ¡magnífico, excelente! Pero pocos pueden lograr esto en los primeros años de matrimonio. Lo que he dicho simplemente es que la estimulación directa en el período de excitación es una de las maneras más seguras para que una joven esposa tenga orgasmos en las primeras etapas de su matrimonio. Nuestra investigación muestra que 40% de las esposas, después que se han acostumbrado a la vida sexual en el matrimonio, se excitan y experimentan orgasmos con la sola cópula, y que no es necesaria la estimulación del clítoris. Tomó varias semanas para que la mayoría de estas parejas aprendieran a tener éxito de esta manera. Toda pareja debiera ocuparse en alcanzar esta meta. Sin embargo, debemos recordar que 60% de todas las mujeres necesitan la estimulación del clítoris en el proceso de excitación antes de que puedan tener orgasmos en la relación sexual. Las parejas no debieran tener reservas en emplear este método cuando sea necesario.

Es normal que las parejas casadas disfruten de dos tipos de experiencia sexual. El primer tipo es la cópula. Esta, por supuesto, tiene que ver con el canal vaginal y el pene. Es decir, después de un período de juego amatorio y de excitación sexual, que incluye la estimulación directa del clítoris, los esposos tratarán de alcanzar el orgasmo al mismo tiempo, o uno después del otro, mediante el subir y bajar del pene en el canal vaginal. Este abrazo total es la experiencia sexual más plena y significativa posible. Las parejas deben tener *siempre* este tipo de experiencia sexual *todas las veces que les sea posible.*

Sin embargo, habrá veces en el matrimonio cuando las parejas no podrán tener relaciones sexuales. Durante todo ese tiempo ambos tendrán sus necesidades sexuales regulares y normales. Permítame utilizar tres ejemplos. En primer lugar, consideraremos que no hay relación sexual durante el período menstrual. Este período toma entre cuatro a seis días. En ese tiempo una pareja pudiera normalmente tener relaciones sexuales una o dos veces en ese número de días, pero debido a la menstruación deberán abstenerse. Imaginemos unos esposos que tienen normalmente relaciones sexuales cada tres días, pero que por una serie de circunstancias especiales fuera de su control han estado cinco días sin tener relaciones. Para entonces lo más probable es que pudieran sentirse muy ansiosos. Digamos que han pensado tener relaciones sexuales la noche del quinto día, pero durante la tarde apareció el período menstrual con dos o tres días de anticipación. Supongamos que el período dura unos cinco días. Esto significa que la pareja tendría que esperar diez días para tener relaciones sexuales. Normalmente habrían tenido relaciones sexuales dos o tres veces en esos diez días. Es cierto que en tales circunstancias la pareja puede abstenerse. Sin embargo, no es indispensable.

Un segundo ejemplo tiene que ver con el tiempo antes y después del nacimiento de un bebé. Por lo general un médico avisará a los futuros padres que no tengan relaciones sexuales durante las seis semanas anteriores al nacimiento del bebé ni durante las seis semanas posteriores al parto. Este período de tiempo varía de acuerdo con las condiciones de la futura madre. Es conveniente que la pareja le pregunte al médico cuándo deben dejar de tener relaciones sexuales antes del nacimiento del bebé, y cuándo reiniciarlas después del parto. Es posible abstenerse de todas las relaciones sexuales durante este tiempo, pero es poco realista e innecesario.

Un tercer ejemplo es cuando los cónyuges quieren expresarse amor mediante una experiencia sexual pero no disponen de los anticonceptivos adecuados y tienen la plena convicción de que no pueden arriesgarse a un embarazo en ese momento. La razón dictaría que en esas circunstancias la pareja debe abstenerse de tener relaciones. Pero esto no quiere decir que deben evitar toda expresión sexual.

Durante esos y otros períodos de tiempo semejantes cuando las parejas no pueden tener relaciones sexuales, los consejeros matrimoniales recomiendan que practiquen un segundo tipo de experiencia sexual en la que no se produce la penetración del pene en el canal vaginal. Este otro tipo de experiencia sexual se llama "interestimulación sexual". Es decir, los esposos se producen mutuamente orgasmos mediante el juego amatorio y la estimulación directa. El esposo estimulará con sus dedos el clítoris de la esposa hasta que ésta se excite y tenga un orgasmo. A su vez, la esposa estimulará con sus dedos el pene del esposo hasta que éste alcance un orgasmo. Con un hábil juego amatorio, estimulándose y respondiendo los dos, los esposos pueden por lo general tener orgasmos al mismo tiempo o casi simultáneamente, estando abrazados. Repito: no hay ningún otro tipo de experiencia sexual que pueda tomar el lugar del coito. No obstante, cuando los esposos no pueden tener relaciones sexuales por razones justificadas, la interestimulación sexual —el estimularse el uno al otro hasta llegar al orgasmo— puede ser tan significativo para ellos bajo estas circunstancias limitadas, como si tuvieran orgasmos en un coito normal.

Me apresuro a decir que no hay nada en esta experiencia, bajo estas circunstancias, que sea malo o que constituya una violación de los principios cristianos. Esto no es un tipo de masturbación. Esta experiencia no es una autoestimulación. Es el método mediante el cual dos esposos que se aman se estimulan mutuamente para expresarse amor en una experiencia sexual mutua. Esto permite que una pareja tenga una experiencia sexual, ya sea mediante la cópula o por la interestimulación, siempre que la necesiten, durante toda su vida, excepto cuando estén separados físicamente el uno del otro, o que uno o ambos estén enfermos. La mayoría de los médicos recomiendan que las parejas reinicien sus relaciones sexuales regulares (ya sea por coito o por interestimulación) tan pronto como les sea posible después de una operación quirúrgica o de una enfermedad grave. También recomiendan que las relaciones sexuales normales entre los esposos no se interrumpan durante muchas enfermedades de poca importancia. La falta de interrupción tiende a reducir mucho la tensión en el matrimonio y fomenta una relación amorosa emocionalmente saludable entre los esposos. En caso de dudas, las parejas deben buscar asesoramiento médico. Peter Dickinson, en su libro *Fires of Autumn* [Fuegos de otoño] (Drake Publishers, Inc., 1974), tiene un capítulo que trata de hasta qué punto una operación quirúrgica y enfermedades graves o leves pueden afectar la vida sexual de una pareja. Menciono esto porque algunas parejas tienen reservas en cuanto a practicar este segundo tipo de experiencia sexual en el matrimonio, ya que tienen la vaga idea de que esto pudiera ser malo. No tengo ningún temor de equivocarme al decir que todos los consejeros matrimoniales cristianos responsables aprobarían como normal y buena este tipo de experiencia en el matrimonio.

LA NATURALEZA DEL HIMEN

En las primeras experiencias sexuales hay a menudo ciertos problemas con relación al himen. Como dijimos en el capítulo 3, el himen es una membrana que se encuentra en el interior de la abertura vaginal. Los hímenes varían en grosor. A veces un himen es por naturaleza tan fino y elástico que se alarga y no se rompe en las relaciones sexuales. El pene puede entrar al canal vaginal en la primera relación sexual sintiendo apenas cierta estrechez. En unos pocos casos el himen puede faltar por completo. También puede romperse por un accidente físico o porque un galeno lo ha cortado por razones médicas. Por otra parte, algunos hímenes son tan gruesos y resistentes que le resulta imposible a la pareja tener relaciones sexuales. Es decir, el himen cierra de tal forma la entrada al canal vaginal que es imposible que el pene penetre. En nuestra investigación encontramos que un poco más de 13% de las recién casadas consideradas tuvieron que solicitarle a un médico que les ensanchara o cortara el himen antes de poder tener relaciones sexuales. Por tanto, podemos decir que 87% de los hímenes se pueden romper en la relación sexual y que 13% sólo se pueden romper con dificultad, si es que se logra.

Hay dos hechos adicionales relacionados con la penetración vaginal en la primera relación sexual la noche de bodas. Uno de estos hechos es que la mujer tiene un grupo de músculos alrededor de la entrada al canal vaginal. La tensión en el momento de la primera relación sexual puede hacer que esos músculos se contraigan y cierren de forma parcial la vagina. Un segundo hecho es el tamaño del pene del esposo. El tamaño del pene varía de un hombre a otro como varían la estatura y la complexión física. No se puede juzgar el tamaño del pene por el tamaño del hombre. Pudiera ser que un hombre alto tenga un pene pequeño, o que un hombre pequeño tenga un pene grande. No hay ninguna base para que un hombre con un pene grande se sienta orgulloso o superior, ni para que un hombre con un pene más pequeño se sienta inferior o humillado. El hecho es que el tamaño del pene tiene muy poco que ver con la calidad de vida sexual.

Volviendo de nuevo al problema de la primera penetración, es obvio que si en la noche de bodas la novia tiene un himen grueso, y a esto se añade un poco de tensión nerviosa, y el novio tiene un pene demasiado grande, la pareja puede tener algunos problemas en su primera relación sexual. Por esta razón, los consejeros matrimoniales recomiendan que la futura esposa consulte a un médico por lo menos entre dos y cuatro semanas antes de la fecha de su boda y le pida que le haga un examen pélvico. Este incluye el himen, la vagina y la matriz. Si tiene un himen grueso y cerrado, el médico lo detectará y le recomendará que se lo ensanche o se lo corte. Sólo un médico está calificado para esto. Si la futura esposa piensa usar un anticonceptivo oral, debe ver a su médico entre seis a ocho semanas antes de la fecha de la boda.

Para aclarar más este asunto, permítame relatarle las experiencias de algunas parejas que formaron parte de nuestra investigación. En el primer caso, la futura esposa siguió el consejo de su consejero prematrimonial y fue al médico dos semanas antes de la boda para pedirle que le hiciera un examen pélvico. El médico se encontraba muy ocupado y por alguna razón no quiso hacerle el examen, sino que le dijo: "Todo le irá bien sin un examen." Siguiendo su consejo, se casó sin hacerse el examen. En sus siete días de luna de miel ella y su esposo se dieron cuenta de que no podían tener relaciones sexuales. Por más que lo intentaron, no lograron que el pene penetrara en el canal vaginal. En su luna de miel llegaron a conocerse bien, disfrutaron de orgasmos por interestimulación y, en general, tuvieron una experiencia maravillosa con la excepción de que no tuvieron relaciones sexuales. Cuando regresaron de la luna de miel, la joven esposa fue a otro médico y le explicó el problema. Cuando éste la examinó, descubrió que tenía un himen extremadamente grueso y resistente. Fue necesario que se hospitalizara y el médico le cortó el himen, después de lo cual tuvo que permanecer cuatro días en el hospital. Estos cónyuges habían cumplido un mes de casados cuando pudieron tener una relación sexual por primera vez.

Otra pareja tuvo una experiencia semejante. La joven y recatada novia se negó a ir al médico para hacerse un examen pélvico, a pesar de que su prometido sí quería que lo hiciera. Sin embargo, dejó que ella tomara la decisión, lo cual estuvo muy bien de su parte. En la luna de miel, trataron en cinco oportunidades de tener relaciones sexuales pero cada vez que lo intentaban no lograban que el pene penetrara en la vagina. Y cada vez que fallaban, la esposa se echaba a llorar. Pero su esposo fue paciente, gentil y considerado con ella. Con cada intento ella aprendió a relajarse un poco más. Al sexto intento, después de una cuidadosa y firme persistencia, lograron por primera vez que el pene entrara en la vagina. A pesar del considerable dolor y de algo de sangradura, ella no lloró, sino que estaba en extremo feliz, ya que estaba decidida a no dejarse ver por un médico. Los consejeros matrimoniales consideran que habría sido más sabio para esta joven novia el haber ido a un médico antes del matrimonio.

El propósito de estos ejemplos es que las jóvenes parejas estén preparadas en el caso de que tuvieran problemas parecidos. Si una novia tiene un himen grueso, eso no es razón para sentirse avergonzada. Es sólo una cuestión de la naturaleza. Una vez que un himen espeso es cortado, la vida sexual puede ser perfectamente normal.

Cuando el himen se rompe en la primera relación sexual, es posible que haya cierto dolor y algo de sangradura. La cuantía del dolor y de la pérdida de sangre será determinada por el grosor del himen. Por lo general, el dolor y la sangradura no son gran cosa y a menudo son muy poquitos. En algunos casos, el dolor puede continuar en las siguientes relaciones sexuales. Con un poco de experiencia y más relajamiento, el dolor desaparecerá de forma gradual. Nuestra investigación revela que la primera relación sexual fue ligeramente dolorosa para 52% de las recién casadas y muy dolorosa para 28%. En 63 parejas el dolor desapareció después de tres a nueve coitos, y en 17 cesó después de diecinueve a veinticinco coitos. Al considerar globalmente todos los hechos, los consejeros matrimoniales recomiendan casi por unanimidad que las novias se hagan un examen pélvico antes del matrimonio, y lo más conveniente es que la joven acuda al médico de cabecera de la familia. Por lo general este examen cuesta lo mismo que un reconocimiento médico de rutina.

El médico deberá brindar a su paciente todo el apoyo que le sea posible, y una enfermera lo ayudará durante el examen. Indudablemente que es mejor desde el punto de vista psicológico que la novia se case después que un médico le haya asegurado que tendrá pocos problemas, o que no tendrá ninguno. Si el médico descubre un himen que pudiera obstruir la relación sexual, la pareja debe pedirle que lo ensanche o corte antes del matrimonio. Está sobreentendido que el futuro esposo debe ser informado y debe aprobarlo. Cualquier futuro esposo que insiste en que es su prerrogativa el romper el himen la noche de bodas, y que se niegue a permitirle a su novia hacerse un examen pélvico, está manifestando tanto su egoísmo como su ignorancia. El posible dolor y sangradura no son factores que contribuyen a una luna de miel placentera. Y puesto que hay sólo una luna de miel, es mejor que sea recordada como una experiencia placentera.

RESPUESTAS A CIERTAS PREGUNTAS DE CARÁCTER GENERAL

Hay varias preguntas de carácter general con respecto al ajuste sexual en el matrimonio que la mayoría de las jóvenes parejas quisieran que fueran respondidas. Consideraremos aquí siete de esas preguntas.

Primera pregunta: *"¿Cuántos orgasmos son normales para el esposo y la esposa en una experiencia sexual?"* Para las parejas recién casadas, un orgasmo es por lo general suficiente en una experiencia sexual. Cuando un hombre tiene un orgasmo, no puede tener otro hasta que haya transcurrido cierto tiempo. Esto es normal en todos los hombres. Por general, para una mujer joven un orgasmo es suficiente. Sin embargo, algunas mujeres necesitan orgasmos múltiples — dos, tres o más — para sentirse completamente relajadas. Esta necesidad puede aumentar después de algunos meses o años de matrimonio. Si una esposa no se puede relajar y parece estar intranquila después de tener un orgasmo, eso puede indicar que sólo tuvo un relajamiento sexual parcial. Nuestra investigación indicó que a 79% de las esposas les era suficiente un orgasmo para sentirse satisfechas. El 18% dijeron que algunas veces necesitaban más de un orgasmo. Sólo 3% parecieron necesitar más de un orgasmo la mayoría de las veces. Si una pareja se propone que la esposa tendrá orgasmos múltiples, debe comenzar la estimulación del próximo orgasmo poco segundos después de haber sido logrado el anterior.

Segunda pregunta: *"¿Con qué frecuencia deben las parejas tener relaciones sexuales?"* La mejor respuesta es: Tantas veces como quieran, puedan y tengan la oportunidad de hacerlo. En las primeras semanas de vida matrimonial, las parejas tienen relaciones más a menudo, y eso es normal. Sin embargo, después de las primeras semanas, la relación sexual cada tres días o dos veces por semana parece, por lo general, suficiente. Algunos tienen relaciones cada dos días y otros cada cuatro o cinco días, según sus necesidades. Si los esposos han estado separados por una o dos semanas, cuando vuelvan a reunirse pueden tener relaciones sexuales dos veces en un mismo día o durante tres días seguidos.

Nuestra investigación mostró que los miembros de nuestro grupo testigo tuvieron una experiencia sexual (de coito o interestimulación) cada 3,3 días en promedio. Un 3% tuvieron una experiencia sexual diaria; 30%, cada dos días; 34%, cada tres días; 21%, cada cuatro días; y 12%, cada cinco días o más. Cuando les preguntamos con qué frecuencia les gustaría tener relaciones sexuales y orgasmos si pudieran tener esa experiencia cada vez que lo quisieran, los esposos contestaron que en promedio, cada 2,7 días, mientras que las esposas dijeron que en promedio, cada 3,2 días. Un 39% de los esposos querían esta experiencia más a menudo que su esposa, mientras que 8% de las esposas deseaban esta experiencia más frecuentemente que su esposo. En 53% de los casos, tanto el esposo como la esposa dijeron tener las mismas necesidades sexuales. Esto significa que 61% de las esposas querían una experiencia sexual tan a menudo o más frecuentemente que su esposo. Estos descubrimientos indican que el concepto tradicional de que la mujer no está interesada en la vida sexual no está de acuerdo con la realidad.

En los primeros veinte o veinticinco años de vida matrimonial, el esposo probablemente deseará tener más relaciones sexuales que su esposa. Pero en los siguientes veinte o veinticinco años, es probable que la esposa desee tener más relaciones sexuales que su esposo. De modo que ambos cónyuges deben hacer ajustes para satisfacer el impulso y las necesidades sexuales el uno del otro. Cuando a ambos los motiva el amor y los principios cristianos, esto muy pocas veces será un problema de importancia. La moderación y el control inteligente son siempre mejores que la indulgencia excesiva. Es conveniente evitar la rutina, así como el tener relaciones sólo los martes y los viernes. Con frecuencia, las circunstancias de la vida hacen que la vida amorosa se vuelva rutinaria, y la pareja se ve forzada a planificar las relaciones físicas. La pareja debe evitar la monotonía y la rutina lo más posible. El amor y la expresión sexual se enriquecen con las experiencias espontáneas. Repitámoslo: en el matrimonio es normal que los esposos tengan relaciones sexuales cuantas veces quieran, puedan y tengan la oportunidad de hacerlo.

Tercera pregunta: *"¿Quién debe tomar la iniciativa en cuanto a la relación sexual, el esposo o la esposa?"* La respuesta es que tanto el uno como el otro pueden tomarla. Muchas veces será algo espontáneo y ambos coincidirán en iniciar la relación. Esto es excelente. Nuestra investigación muestra que en los primeros años de vida matrimonial, 68% de las experiencias sexuales son espontáneas y sólo 32% planificadas de antemano. Pero con el paso del tiempo, muchas veces las circunstancias serán tales que las experiencias tendrán que planificarse y tanto el esposo como la esposa tendrán que tomar la iniciativa. Entre los casados, si cualquiera de los dos quisiera tener una experiencia sexual, sencillamente debe decírselo al otro. Y en esto no debe haber vacilación. No deben abstenerse y esperar que sea el otro quien lo sugiera. Cuando el esposo y la esposa enfrentan con franqueza sus necesidades sexuales y se buscan para satisfacerlas, existe un excelente ajuste matrimonial.

Cuarta pregunta: *"¿Qué le parece el experimentar con posiciones diferentes en las relaciones sexuales?"* Recomendamos que las parejas se sientan con toda libertad de experimentar con diversas posiciones en la relación sexual. Cierta experimentación en el período del juego amatorio le añade variedad a la vida amorosa. Aunque por lo general la mayoría de las parejas usan la posición "hombre arriba", a veces también les gusta usar otras posiciones. Algunas parejas adoptan otras posiciones de manera regular porque así satisfacen sus necesidades particulares.

Nuestra investigación indica que 91% de las parejas utilizan la posición de "hombre arriba" todas las veces o la mayoría de ellas. El 54% de las parejas con frecuencia experimentan con otras posiciones, pero por lo general terminan en la posición "hombre arriba". Sólo 4% utilizan alguna otra posición que no sea el del "hombre arriba" más de la mitad de las veces, y sólo 5% emplean otras posiciones todo el tiempo.

Es importante que el esposo apoye firmemente los pies contra el pie de la cama o contra algún objeto sólido para que esto lo ayude a tener el orgasmo con la mayor fuerza posible. En el caso de que la cama no tenga pie, la pareja debe ponerse en posición contraria para que los pies de él descansen contra la cabecera de la cama.

La posición "esposa arriba" ayuda al esposo a relajarse y controlarse, y le permite a ella iniciar los movimientos necesarios para obtener la máxima estimulación al forzar al clítoris a moverse sobre el pene. Las desventajas son que esta posición a veces no es cómoda para la esposa, el esposo puede tener dificultades en controlar su excitación sexual, y no es una posición apropiada para obtener la más completa expresión durante los orgasmos de ambos. Sin embargo, para algunas parejas las ventajas superan las desventajas. Esta posición es a veces ventajosa cuando el esposo es alto y la esposa es baja.

Otra posición ventajosa es aquella en la que ambos esposos están acostados de lado, mirando en la misma dirección mientras que el esposo está situado detrás de la esposa, con el pene introducido en el canal vaginal desde atrás. Las desventajas son que el pene no puede tener contacto con el clítoris y que la pareja no se puede besar durante la experiencia sexual. Las ventajas de esta posición son su comodidad: el esposo puede con mucha facilidad usar sus dedos para estimular el clítoris de su esposa, y él puede controlar su propia excitación. Hay otras pequeñas variaciones de este método. Muchas parejas utilizan esta posición durante el período de excitación y cambian con rapidez a la posición "hombre arriba" para los orgasmos.

En las relaciones interpersonales dentro de la comunidad y la sociedad, el recato es la reina de las virtudes, pero en la intimidad de la alcoba matrimonial, con las puertas cerradas, y en la presencia del amor matrimonial puro, el recato no existe. *Una pareja se debe sentir libre de hacer cualquier cosa que les produzca mutua satisfacción y que los lleve a una plena expresión de amor recíproco en su experiencia sexual.*

En cuanto a esto es bueno dar una palabra de advertencia. *Todas las experiencias sexuales deben ser las que ambos, esposo y esposa, deseen. Nunca, en ningún momento, debe uno obligar al otro a hacer algo que no quiere hacer. El amor no obliga a nadie.*

Quinta pregunta: *"¿Cuál es la mejor técnica para el juego amatorio y el período de excitación?"* No hay ninguna norma o técnica establecida que deba seguirse. En realidad, hay muchas técnicas que pueden utilizarse. Por lo general, el período del juego amatorio comienza con una conversación agradable, espontánea, con palmaditas amorosas, abrazos y besos. Luego, poco a poco, la pareja desviste el uno al otro. El esposo puede acariciarle y besarle a la esposa el cuerpo, los labios, los senos. Por último, le acariciará los órganos sexuales. Al hacer esto, el esposo debe estimular a su esposa de la manera que ella más disfruta y que le causa mayor satisfacción. La pareja debe ser muy franca entre ellos en cuanto a qué les gusta hacer y qué los excita sexualmente.

Después de un tiempo tranquilo de juego amatorio, es bueno por lo general que la esposa se acueste en el centro de la cama, de espaldas; que levante las piernas a la altura de las caderas; que abre las rodillas, y que ponga las plantas de los pies sobre el colchón. Esto la coloca en una posición cómoda y relajada. Su esposo debe acostarse a su lado derecho y ponerle el brazo izquierdo por debajo del cuello. En esta posición, él podrá abrazarla, besarle el cuello, los labios y los senos y, al mismo tiempo, tendrá la mano derecha libre para estimularle el clítoris. Las manos de ella estarán libres para acariciarle el pene. O puede poner una de sus manos sobre la de él y dirigir la estimulación de su clítoris. Esta posición de excitación sexual se describe en la Biblia en Cantares 2:6 y 8:3. Estos dos versículos son idénticos, y dicen: "Su izquierda esté debajo de mi cabeza, y su derecha me abrace." La palabra "abrace" pudiera traducirse "acaricie" o "estimule". Aquí en la Biblia, en un libro que trata acerca del amor matrimonial puro, una mujer casada expresa su anhelo de que su esposo le ponga el brazo izquierdo debajo de la cabeza y utilice su mano derecha para estimularle el clítoris.

Esta posición de excitación sexual parece que ha sido la utilizada por muchas personas a través de los siglos. No vacilo en decir que el procedimiento general de excitación sexual descrito aquí es una parte del plan de Dios cuando creó al hombre y a la mujer. Por lo tanto, la humanidad ha utilizado esta técnica porque así lo quiso Dios y porque es buena.

Durante el período de excitación sexual, es una estimulación adicional para la esposa el acariciarle el pene al esposo. Esto le añade plenitud y placer mutuo a la técnica de excitación que se acaba de describir. Sin embargo, en ocasiones es demasiada estimulación para el esposo. En este momento el autocontrol es necesario para él. Sólo la experiencia puede determinar si una pareja debe o no utilizar esta parte de la técnica.

En todo este proceso de excitación, la pareja debe tomar su tiempo y concentrarse en la excitación sexual de la esposa. Ella debe dejarse llevar y el esposo debe controlarse a sí mismo. Este proceso debe continuar hasta que la esposa se excite hasta el punto de estar cerca de tener un orgasmo y así estar preparada para la relación sexual.

Sexta pregunta: *"¿Es posible tener relaciones sexuales durante el período menstrual?"* Recomendamos que las parejas no tengan relaciones sexuales durante el período menstrual al comienzo de su vida de casados, por ser todavía inexpertos en la vida sexual y estar en el proceso de ajuste. Tenerlas pudiera ser repugnante para uno o para ambos de los cónyuges, ya que pudieran sentirse ofendidos en sus valores estéticos. Es mejor que la pareja se abstenga de tener relaciones sexuales durante su primer período menstrual después del matrimonio. Es normal y bueno que se estimulen mutuamente hasta alcanzar orgasmos sin tener relaciones sexuales durante el período menstrual. Sin embargo, tengo el deber de decir que los médicos hoy concuerdan en que no hay daños biológicos por tener relaciones sexuales durante la menstruación.

Pero si alguno de los cónyuges piensa que no deben tenerlas, no deben tenerlas. Una razón para hablar de esto es el hecho de que a menudo la esposa tiene el mayor deseo sexual antes, durante y después del período menstrual. Si el Creador la hizo así, y efectivamente fue Él quien la hizo, debe haber tenido la intención de que sus necesidades fueran satisfechas según las circunstancias correctas. El flujo menstrual es por lo general más denso el primer día o el segundo, y después aminora de manera considerable. Algunas parejas esperan hasta que haya pasado el flujo denso y luego reanudan sus relaciones sexuales normales.

A pesar de la buena planificación que se haya hecho, nuestra investigación revela que el período menstrual se presenta el día de la boda en 17% de los casos. Cuando esto ocurre, se recomienda que las parejas esperen hasta que el período haya pasado antes de tener relaciones sexuales. Sin embargo, deben conocerse físicamente uno al otro y excitarse mutuamente hasta el orgasmo mediante la interestimulación. En realidad, hay cierto beneficio cuando ocurre el período menstrual durante la luna de miel: esto le permite a la pareja estar más relajada para el momento de tener su primera relación sexual.

La séptima y última pregunta es: *"¿Es necesario utilizar lubricación artificial en la relación sexual?"* Todas las mujeres están provistas por la naturaleza de un lubricante natural que fluye de las paredes de la vagina y de unas glándulas pequeñas localizadas entre los labios menores, cerca de la abertura del canal vaginal. Normalmente, esta lubricación natural fluye con libertad cuando la mujer está muy excitada sexualmente. Mientras mayor sea la excitación sexual, mayor será la cantidad de flujo. Algunas mujeres parecen tener una abundante lubricación mientras que otras tienen muy poca. En nuestra investigación sólo 15% de las esposas tuvieron abundante lubricación natural desde el comienzo de su matrimonio. Algunas utilizaron lubricación artificial al comienzo de su matrimonio, pero cesaron de usarla cuando el flujo de lubricación natural fue suficiente. Sin embargo, 34% de las esposas indicaron que después de seis meses a dos años de casadas todavía debían usar lubricación artificial, tanto para la estimulación del clítoris como para la relación sexual. Así como algunas mujeres son altas y otras bajas, así también algunas mujeres tienen más lubricación natural y otras menos. Cualquiera sea la cantidad de fluido, esa es la cantidad normal para esa persona. Si hay un ligero dolor o ardor durante la estimulación

directa del clítoris o durante la relación sexual, esto significa sencillamente que hay falta de lubricación. Recomendamos a las parejas
que tengan durante su luna de miel un tubo de gelatina quirúrgica y
que la utilicen con libertad en sus primeras experiencias sexuales. Si
una pareja se da cuenta de que no necesita lubricación artificial, está
claro que puede dejar de usarla. Algunas parejas necesitarán utilizar
alguna lubricación artificial durante toda su vida matrimonial. Sin
embargo, en caso de una excesiva falta de lubricación natural, la
mujer debe consultar a su médico.

Capítulo 5

La luna de miel:
Las primeras
experiencias sexuales

*Por esto el hombre dejará padre y madre, y se unirá a su
mujer, y los dos serán una sola carne. Así que no son ya más
dos, sino una sola carne; por tanto, lo que Dios juntó, no lo
separe el hombre.*

Mateo 19:5,6

A medida que transcurren los años será una bendición para
cualquier matrimonio recordar siempre lo dichosa que fue su
luna de miel. El propósito de este capítulo es ayudar a las parejas a
planificar con detenimiento su luna de miel y ayudarlas a avanzar lo
más posible en cuanto al ajuste sexual.

La pareja debe hacer planes para los últimos días anteriores al
matrimonio, para que ambos se sientan bien física y mentalmente el
día de la boda. Aunque los planes de último momento tienen que
hacerse a una velocidad inhumana, las parejas harían bien en dormir
lo suficiente los días anteriores a la boda. Es mejor tener la ceremonia nupcial en la mañana, tan temprano como sea posible. Si hay una
recepción formal, ésta tomará aproximadamente dos horas desde
que comienza la ceremonia nupcial hasta que la pareja esté dentro
del auto, solos y preparados para viajar. La primera noche es mejor
viajar aproximadamente una hora, o lo suficiente para encontrar un
hotel privado fuera del alcance de los de los amigos curiosos y
traviesos. Si la pareja piensa pasar la luna de miel a trescientos o más
kilómetros de distancia, debe viajar sólo entre sesenta y ochenta
kilómetros la primera noche, para después terminar el recorrido el
día siguiente, ya descansados. Si después de un extenuante día de

bodas viajan cuatro o cinco horas, habiendo ya oscurecido, probablemente estarán preparados sólo para estar en un hospital, en vez de tener la placentera luna de miel que tanto merecen.

Al llegar al hotel, la pareja haría bien en entrar, acostarse y descansar por unos treinta minutos, y entonces salir a comer algo si encuentran un servicio de restaurante. Por lo general, durante el día de la boda las comidas son algo irregulares. Al regresar al hotel es normal y correcto que la pareja tenga su primera experiencia sexual esa tarde o esa noche, a menos que estén demasiado cansados. Si la novia o el novio, o ambos, se encuentran completamente exhaustos, deben admitirlo y esperar hasta el día siguiente para su primera relación sexual. En ese caso, es mejor reservar una habitación con dos camas, desvestirse cada uno privadamente en el baño e irse a la cama para dormir. Si ambos duermen en la misma cama ninguno de los dos podrá dormir y lo que necesitan es dormir bien.

Algunas parejas del grupo testigo informaron que tuvieron su primera relación sexual en su noche de bodas porque pensaban que se esperaba que así lo hicieran. La experiencia fue decepcionante y por lo general un fracaso, porque sencillamente estaban exhaustos físicamente. Todas las parejas dijeron: "Si tuviéramos que hacerlo de nuevo, esperaríamos hasta el siguiente día". Pero por lo general los jóvenes son fuertes y enérgicos y perder un poco de sueño no los afectará mucho. Muchas parejas se sienten bien la noche de bodas. Nuestra investigación muestra que cuando llegaron al hotel la noche de bodas, 9% de las parejas se encontraban sumamente cansadas y fatigadas; 28% estaban algo cansadas y fatigadas; 35% se sentían bien y 28% se sentían de lo mejor. Es mucho mejor desde el punto de vista psicológico que la pareja llegue a la ceremonia nupcial sintiéndose de lo mejor y que tenga su primera experiencia sexual ese día.

Esta presentación tiene el propósito de reducir al mínimo las sorpresas, tensiones y ansiedades de la pareja en su noche de bodas. Pero a pesar del asesoramiento recibido y de todo su planificación cuidadosa, es muy probable que las parejas tengan algunas tensiones y ansiedades interiores en su noche de bodas. A la mayoría de la parejas les sucede esto en diverso grado. En la noche de bodas, tanto el novio como la novia deben enfrentar sus primera experiencia sexual de la manera siguiente: "Cariño, estoy tan emocionado de que ésta sea nuestra primera noche de bodas. He esperado por mucho tiempo y con ansiedad este momento de estar contigo y ya ha llegado. La felicidad que ahora siento no la puedo describir con palabras. Pero debo admitir con franqueza que no estoy muy seguro si me desenvolveré bien. De manera que si parezco un poco nervioso y no hago mi parte muy bien, ¿me perdonas? Lo haré mejor a medida que pase el tiempo." Si ambos tienen esta clase de actitud humilde, esto desarrollará en ellos la confianza mutua. Sobre todo, no debe haber una actitud crítica de uno hacia el otro la noche de bodas.

Las sugerencias que siguen a continuación pueden ser de ayuda. Siempre debe haber privacidad, absoluta privacidad, durante cualquier experiencia sexual. Es importante tener las puertas cerradas con pestillo, las persianas cerradas y poca probabilidad de que sean interrumpidos. La privacidad es especialmente necesaria para la esposa ya que a ella le resulta muy difícil concentrarse en su excitación sexual en una situación donde su privacidad se encuentre limitada.

El día de la boda, se recomienda que antes que la pareja intente tener relaciones sexuales, abran sus Biblias y lean en voz alta, uno primero y el otro después, dos pasajes específicos escogidos de antemano. Después de leer los dos pasajes, ambos deben arrodillarse al lado de la cama y orar los dos, de forma audible, pidiéndole al Señor con palabras sencillas y sinceras que Él los guíe en sus vidas juntos. Este es un momento de humildad, de seriedad, y con razón. Cuando hayan terminado de orar, el ambiente debe llegar a ser paulatinamente un ambiente festivo y alegre. No hay necesidad de apurarse. Disfruten de la nueva relación. ¡Sí, gócense!

El bañarse o no la noche de bodas es una decisión personal. Si se supone que se han bañado antes de la ceremonia nupcial, no será necesario que vuelvan a bañarse antes de tener relaciones sexuales. Durante la vida matrimonial es bueno que ambos esposos se bañen poco antes de tener relaciones sexuales. Sin embargo, el bañarse no encaja siempre en las circunstancias previas a una relación sexual. Cuando los cónyuges tienen el hábito de bañarse a la misma hora del día, no sería necesario que se bañaran poco antes de tener relaciones sexuales. Hay que enfatizar, sin embargo, que en la vida sexual dentro del matrimonio, *el aseo personal es sumamente importante.*

Quizá la mejor manera de iniciar la primera experiencia sexual el día de la boda es que la pareja comience simplemente por desvestirse el uno al otro. Con esto quiero decir que la esposa debe quitarle las ropas a su esposo, pieza por pieza; y que él, por su parte, también le quitará, pieza por pieza, las ropas a ella. Es normal que la noche de bodas, se desvistan completamente uno frente al otro estando la habitación alumbrada, si pueden y quieren hacerlo. Esto está de acuerdo con Génesis 2:24,25 que dice: "Por tanto, dejará el hombre a su padre y a su madre, y se unirá a su mujer, y serán una sola carne. Y estaban ambos desnudos, Adán y su mujer, y no se avergonzaban."

Sería bueno señalar, sin embargo, que algunas novias encuentran que no es fácil desvestirse por completo la primera noche. La razón de esto es porque la sociedad ha enseñado que las muchachas deben ser recatadas y protegerse con ropas. Esto es correcto y apropiado. No obstante, quizá sea muy traumático para algunas novias el que les sugiramos desvestirse la primera noche de matrimonio en presencia de su nuevo esposo. Hay que recordar que apretar un botón llamado "ceremonia nupcial" no deshace automáticamente los sentimientos de recato que se han desarrollado de manera gradual por un período de veintiún años o más. Entre las parejas de nuestra investigación, 80% de las novias se desvistieron en presencia de su esposo la noche de bodas y 20% no lo hicieron. Cuando llenaron más tarde el cuestionario, la mitad del 20% afirmaron que se desvestirían la primera noche de bodas si tuvieran de nuevo la oportunidad. En realidad, no es importante si la novia se desviste por completo la primera noche o algunas noches más tarde.

Qué hacer en cuanto a esto es un asunto que preocupa a la mayoría de las parejas jóvenes que han pensado casarse. Las sugerencias hechas quieren decir sencillamente que es normal que las parejas jóvenes se desvistan por completo la primera noche de bodas, si lo desean y pueden hacerlo. Que una pareja lo haga es su decisión personal. Creemos que el joven esposo debe respetar los sentimientos de su novia en este asunto. No debe criticarla si vacila en desvestirse. Si es paciente con ella durante el período de ajuste, su amor, respeto y dedicación a él aumentarán muchísimo y se fortalecerán. Por lo general, el problema de desvestirse no significa nada, o significa muy poco, para el joven esposo.

Supongamos que el desvestirse es una práctica normal la noche de bodas. Después de desvestirse, sería bueno que la pareja hablara con toda libertad, que se hicieran y se contestaran preguntas y que se tomaran algún tiempo para familiarizarse con el cuerpo del otro.

SUGERENCIAS CON RESPECTO AL ACTO SEXUAL

Cuando una pareja está lista para su primera experiencia sexual, hay dos asuntos que se deben considerar. El primero es que la pareja trate de hacerlo todo bien y perfecto en su primera relación sexual. Esto incluye (1) tener listos los anticonceptivos, (2) un largo período de juego amatorio en el que el esposo se controlará a sí mismo y la esposa será estimulada y excitada hasta aproximarse al orgasmo, (3) y el acto sexual mismo durante el cual se espera que la esposa tenga su orgasmo y el esposo el suyo al mismo tiempo que ella, o a continuación. Esto es una experiencia compleja por lo que resulta poco realista esperar que la pareja tenga éxito en todo el proceso la primera vez que lo intenten.

Algunos lectores pueden preguntar: "¿Qué problemas hay? ¿Qué pudiera salir mal?" Varias cosas pueden ocurrir: Las parejas no estarán muy seguras acerca de cómo usar los anticonceptivos; no sabrán cuán excitada debe estar la esposa antes de que comiencen a tener la relación sexual; el joven esposo será "un gatillo alegre" y puede alcanzar su orgasmo mucho más pronto de lo que hubiera querido tenerlo.

Las siguientes cosas en la primera relación pueden impedir que la esposa tenga un orgasmo. En primer lugar, no estar lo bastante excitada antes de iniciar la relación sexual. En segundo lugar, si está tensa o siente dolor al iniciar la relación, puede perder la excitación que tenía. En tercer lugar, si el esposo tiene el orgasmo primero, esto con frecuencia trunca la excitación sexual de ella. Sin embargo, *la pareja no debe desanimarse si la primera experiencia sexual no es perfecta.* Esto que hemos dicho se aplica a la mayoría de las parejas jóvenes que se casan. Cada vez, la pareja aprenderá algo nuevo y es probable que lo harán mejor la próxima vez. El 70% de las parejas de nuestra investigación aconsejan a otras parejas jóvenes a seguir este primer método: tratar de hacer todo correcto y perfecto, incluso la relación sexual y los orgasmos la primera noche. Sin embargo, 30%

de las parejas en la investigación recomiendan que las parejas sigan un segundo método que será descrito a continuación.

Es bueno que analicemos con profundidad y en detalle el procedimiento a seguir en la primera relación sexual. Conviene tener preparados los anticonceptivos. Esto debe ser parte del inicio del juego amatorio. (Los detalles sobre el uso de los anticonceptivos aparecen en el capítulo 6.) Cuando los anticonceptivos estén listos, la pareja puede tener el período de juego amatorio descrito en el capítulo 4. Un método sería que la esposa se acueste de espaldas en la cama con las rodillas abiertas y separadas y las plantas de los pies sobre el colchón, con las piernas recogidas a la altura de las caderas. Su esposo se acostará a su lado derecho teniendo su mano izquierda debajo de su cabeza y de su cuello. Como ya hemos dicho, el esposo acariciará suavemente, friccionará y estimulará todas las zonas erógenas del cuerpo de su esposa. Esto incluye besarle los labios, los senos y utilizar sus dedos y manos para explorar y estimular todo su cuerpo, la parte interior de los muslos, los labios mayores, los labios menores y por último el clítoris. Sin embargo, este período de juego amatorio no se debe convertir en una rutina mecánica; la variedad es importante. Los deseos y las necesidades de la mujer pueden variar de manera considerable de una a otra. *La pareja no debe subestimar el significado y la importancia de este período de excitación.* El propósito real de esta parte del juego amatorio es que el esposo excite a su esposa hasta que ella esté preparada por completo para la relación sexual. Cuando ella considere que está excitada por completo, debe indicárselo a su esposo de manera verbal para que él cambie y comience la relación sexual. En sus primeras experiencias sexuales, es posible que la esposa no sepa cuándo dar la señal. Al comienzo del matrimonio, tendrá que calcularlo lo mejor que pueda. Sin embargo, pronto aprenderá con la práctica cuándo señalar que es el momento de terminar el período del juego amatorio e iniciar el coito. Un gran problema para muchas parejas es que el esposo, que ya se halla muy excitado, comienza la relación sexual demasiado pronto.

Cuando ella lo indique, el esposo se moverá del lado derecho de ella al pie de la cama, frente a ella. Ella entonces abrirá las piernas y las rodillas lo más que pueda y él colocará su cuerpo entre las rodillas y por encima del cuerpo de ella. El peso de él no descansará sobre ella, sino sobre sus propios codos y rodillas. Esta posición pone al esposo y a la esposa en una posición cómoda en la que ambos pueden mover sus cuerpos con toda libertad, según lo deseen. Es necesario señalar que en este cambio, el nivel de excitación sexual de la esposa puede descender un poco. Esto es de esperarse.

En la primera relación sexual debe haber mucha lubricación, incluso el uso de alguna gelatina quirúrgica, y el esposo debe intentar la penetración con sumo cuidado. Después de introducir el pene en la vagina, puede detenerse un momento con el propósito de controlarse a sí mismo. En este momento es bueno que los dos se comuniquen. Si hay dolor en la primera penetración, esto hará que la excitación sexual de la esposa disminuya. De hecho, su preocupación y ansiedad por esta primera experiencia puede hacer que su excitación disminuya de manera considerable. Después de este pequeño descanso, el esposo debe seguir introduciendo con cuidado el pene en la vagina, sin tratar de introducirlo demasiado. Es bueno que el esposo descanse de nuevo por un momento para recuperar el control. Luego debe comenzar a mover el pene lenta y suavemente de aquí para allá en la vagina. Al llegar a este punto, el esposo debe tener una voluntad de hierro para mantener el autocontrol. Por su parte, la esposa debe relajarse y dejarse llevar por sus emociones. Debe concentrarse en ideas tales como: "¡Qué bueno! ¡Esta es mi noche de bodas! ¡He esperado tanto tiempo este momento! ¡Dios ha planificado de manera maravillosa que esto sea parte de mi vida!" y otros pensamientos parecidos. Debe concentrarse en su clítoris, en la vagina y en el rítmico movimiento del pene moviéndose hacia adentro y hacia afuera. Además de esto, no debe preocuparse por su esposo. El se ocupará de lo suyo. Tal vez sea necesario que ella se concentre en sí misma. Esto no significa que sea egoísta.

Nuestra investigación muestra que después de dos meses a dos años de experiencia, 82% de las esposas eran capaces de excitarse y de lograr el orgasmo mientras daban parte de su atención a su esposo. Aun después de muchos meses de experiencia, fue necesario que el 18% restante de esposas se concentraran sólo en ellas mismas. En las primeras experiencias sexuales conviene que la recién casada se concentre en ella misma. El esposo pudiera dejar de moverse por breves momentos para poderse controlar el mayor tiempo posible. La esposa tratará entonces de alcanzar la excitación sexual que tenía antes de que le penetrara el pene y de tener un orgasmo. Si lo logra, esto probablemente hará que el esposo tenga el suyo inmediatamente después de ella. Este tremendo éxito en la primera noche de bodas es raro. Si ella no tiene un orgasmo (y nueve de cada diez no lo tienen en su primer intento), su esposo finalmente lo tendrá sin que ella lo tenga. Con frecuencia, el joven esposo tendrá su orgasmo en su primera relación sexual casi al instante de introducir el pene o muy poco tiempo después. Hasta puede tenerlo durante el período de juego amatorio mientras está excitando a su esposa. En nuestra investigación, 45% de los esposos afirmaron haber alcanzado orgasmos no planificados pocas o varias veces mientras se encontraban en el proceso de excitar a su esposa para la relación sexual. De la misma manera, 27% de las esposas dijeron que cuando su esposo la había excitado al máximo, había logrado tener orgasmos antes de que se produjera la penetración sexual esperada. Ni el esposo ni la esposa deben sentirse avergonzados cuando esto suceda. El problema aquí es sólo cuestión de encontrar el ritmo perfecto, y mejorará con la experiencia. La meta de ambos debe ser experimentar un orgasmo.

Por otra parte, la investigación mostró que después que el esposo excitaba de manera completa a su esposa por la estimulación directa, 37% de los esposos necesitaban a veces más estimulación de parte de su esposa para mejorar su erección y su preparación para la relación sexual. Esto no significa que esos jóvenes esposos eran sexualmente fríos. Significaba sencillamente que en su generosa concentración por excitar a su esposa durante un largo período de tiempo, la excitación de ellos había disminuido.

Las parejas deben hacerle frente al hecho de que el éxito sexual completo en la noche de bodas es casi imposible, pero que no hay que preocuparse. Lo que sucede por lo general en la primera relación sexual es que nueve de cada diez veces es el esposo quien tiene un orgasmo y la esposa no. Para analizarlo bien, supongamos que eso es lo que ha ocurrido. ¿Entonces qué? La novia *no* debe sentir que hay algo censurable en ella, que es sexualmente fría. No lo es. Dios sabe lo que hace. Él no comete errores. El novio no debe sentir que es deficiente. Es un hombre joven normal. Pero los dos deben recordar que los cuerpos de ambos siguen un ritmo diferente el uno del otro, que carecen de experiencia y que la relación sexual es un proceso bastante complejo. Ilustremos esto. Supongamos que ni el esposo ni la esposa saben nadar y que nunca han estado en el agua.

Supongamos que leen un libro que explica cómo nadar y un instructor les dice verbalmente cómo hacerlo. ¿Significa esto que pueden lanzarse al agua y nadar a la perfección desde el primer intento? ¡Claro que no! Si lo hacen se hundirán. Lo que deben hacer es aprender a nadar poco a poco. Tienen que meterse varias veces en el agua antes de aprender a nadar bien. Toma tiempo poner en práctica las lecciones de natación. Sin embargo, la persona que ha recibido algunas instrucciones acerca de cómo nadar y las sigue, progresará con más rapidez que la que no ha sido instruida en absoluto.

De igual manera, poner en práctica toda la información recibida en el asesoramiento prematrimonial toma tiempo. La mayoría de los jóvenes, en sus sueños sobre la plenitud sexual en el matrimonio, tienen la tendencia a pensar que lo único que tienen que hacer es enamorarse, casarse y tener relaciones sexuales, y que con esto ascenderán automáticamente al séptimo cielo del éxtasis sexual. *Nada pudiera estar más lejos de la verdad.* En el matrimonio, se elevarán al séptimo cielo del éxtasis sexual cientos y cientos de veces, pero esto no ocurrirá por casualidad. Será el resultado de la planificación inteligente, de la iniciativa, de la cooperación, de la comprensión, de la práctica y del amor, todo ello combinado con la experiencia.

De modo que una pareja no debe desanimarse si la primera relación sexual no culmina en un éxito completo. No deben permitir que eso los preocupe. En vez de eso, deben reírse de sus "pifias". Cada vez que "pifien" (y esto les ocurrirá muchas veces a través de los años) simplemente pueden reírse y decir: "Bueno, 'pifiamos' esta noche, pero aprendimos algo nuevo y lo haremos mejor la próxima vez." En realidad, la pareja aprenderá mucho en la primera relación sexual aunque el éxito no sea completo.

Ahora bien, si el esposo tiene un orgasmo y la esposa no en la primera relación de la noche de bodas, el esposo, después de un breve descanso, debe tratar de excitar a su esposa de nuevo hasta hacerla llegar a un orgasmo por la estimulación directa del clítoris. De este procedimiento nos ocuparemos a continuación.

LA INTERESTIMULACIÓN SEXUAL

Antes de seguir hablando de los intentos de coito, consideraremos un segundo procedimiento que puede ser utilizado en la noche de bodas. La pareja puede decidir no tener relaciones sexuales la primera noche, sino que en vez de ello tratarán de conocerse físicamente y estimularse el uno al otro hasta tener orgasmos por la estimulación directa de sus órganos genitales. Este procedimiento tiene dos ventajas. (1) La pareja no tiene que usar anticonceptivos, y no hay el temor de un posible embarazo. (2) Esto tendería a darles la mejor actitud mental posible y los relajaría para su primer intento sexual. (Además, este sería el procedimiento a seguir si se presentara el período menstrual la noche de bodas.) Sólo 15% de las parejas en nuestra investigación emplearon este procedimiento. Pero otro 15% de las parejas declararon que si pudieran hacerlo de nuevo, seguirían este procedimiento. Tome nota de que a las parejas se les aconsejó a que consideraran la utilización de este procedimiento.

Consideremos ahora en detalle este segundo procedimiento en el que la pareja *no* intenta tener relaciones sexuales la primera noche, sino que trata de conocerse físicamente de manera gradual y de estimularse hasta que ambos logren tener orgasmos. Para ella es parte de su educación como esposa, al comienzo del matrimonio, familiarizarse con la naturaleza del pene erecto de su esposo, cómo estimularlo, cómo es su orgasmo, qué cantidad de semen eyacula y otros aspectos. Ya que el esposo se excita más rápidamente, quizá sea mejor que él tenga el orgasmo primero. Por lo general, la esposa tendrá muy poco, o ningún problema en estimular a su esposo para que tenga un orgasmo. Lo que tiene que hacer es estimularle suavemente el pene con las manos y los dedos hasta que él tenga el orgasmo, y simplemente observar lo que ocurre. Este conocimiento y esta experiencia pueden ser muy importantes para ella.

Después que el esposo haya descansado brevemente, tratará entonces de estimular a su esposa para que tenga un orgasmo mediante la suave estimulación de las zonas erógenas de su cuerpo, incluso del clítoris. El joven esposo necesita familiarizarse con la naturaleza del clítoris de su esposa, cómo masajearlo, y observar la naturaleza general de su excitación y de su orgasmo. Esto es parte de su educación. En nuestra investigación, 40% de las esposas tuvieron su primer orgasmo por la estimulación directa del clítoris y posteriormente aprendieron a tener orgasmos en el coito. Puesto que es posible que 40% de las esposas tengan que tener su primer orgasmo por la estimulación directa, independientemente de cómo enfrentaron la primera noche, observemos con detenimiento los detalles de este procedimiento.

Suponiendo que el esposo ha tenido su orgasmo, no tendrá entonces problemas de autocontrol y podrá concentrarse en excitar a su esposa. Después de una moderada cantidad de besos, de estimulación de su cuerpo y de juego amatorio, la esposa se pondrá de espaldas sobre la cama y el esposo le estimulará el clítoris con suavidad utilizando sus dedos, sin olvidar que su clítoris puede ser muy sensible. Cuando un dedo sin lubricar estimula a un clítoris no lubricado puede haber ardor y escozor. El esposo puede entonces transferir lubricación de la vagina al clítoris; de ser necesario, utilizará una abundante cantidad de gelatina quirúrgica como lubricante artificial. A medida que continúa la estimulación, la esposa debe concentrarse en su excitación, dejándose llevar por lo que siente. En realidad, puede requerir una intensa concentración mental de parte de ella.

El joven esposo debe concentrarse en estimular tanto el clítoris como su zona circundante, incluyendo los labios interiores y la capucha (el punto en el que los labios interiores se unen). Al iniciar la estimulación, el esposo puede por lo general sentir el clítoris con sus dedos. Sin embargo, a medida que la esposa se va excitando, los labios interiores y la capucha aumentarán de tamaño hasta el punto en que el esposo no podrá sentir más el clítoris a pesar de que continúa con el mismo tipo de estimulación directa. Aunque no pueda sentir el clítoris, el esposo debe simplemente seguir con el mismo proceso de estimulación, ya que esto le dará al clítoris una buena estimulación *indirecta* y hará que continúe el proceso de excitación de la esposa. Puesto que el esposo no le puede leer la mente a la esposa, es bueno que ella se sienta en libertad de decirle con palabras la forma de estimulación directa que más la excita. Y cuando desee algo distinto, debe también comunicarlo. En ciertos momentos querrá que la estimulación sea muy suave y delicada, y en otros querrá que la estimulación incluya cierta presión. Con la experiencia, ambos aprenderán a responder a los procesos necesarios para que ella sea excitada.

Es posible que al comienzo del período de excitación, la sensación sexual de la esposa sea muy poca. Pero al avanzar la estimulación, poco a poco aparecerá, se desarrollará y aumentará más y más la sensación de placer. Esto debe prolongarse por cinco, diez, veinte, treinta minutos, una hora o más, si es necesario. Tiene que ser una estimulación ininterrumpida. Si la estimulación ha seguido por diez minutos, si la esposa se encuentra en el más alto nivel posible, llamado por lo general el estado "cumbre", y se interrumpe la estimulación por un minuto, su excitación disminuirá rápidamente. Por tanto, la estimulación debe ser ininterrumpida por diez, veinte, treinta o más minutos. Cuando la esposa esté excitada, a punto de tener un orgasmo, su respiración se volverá más rápida, más fuerte y más profunda. En ocasiones, la esposa puede estar a punto de tener un orgasmo, y parece no poder lograrlo. Pero si continúan con este procedimiento de excitación, lo llegará a tener. *En muchas parejas la esposa no llega a tener el orgasmo simplemente porque se detienen en el proceso de excitación antes que la esposa se encuentre excitada por completo.* Con la *actitud correcta*, la *técnica correcta* y la *perseverancia lo lograrán.*

Algunas veces parecerá que la sensación sexual de la esposa aparece y desaparece. De pronto lo siente, y al otro momento ya no lo siente. Algunas veces la sensación se presenta en oleadas, cada una de mayor intensidad. Estas oleadas se producen cada vez con mayor cercanía unas de otras hasta que la última "se desborda" en un orgasmo. Otras veces, en vez de venir en oleadas, hay un gradual aumento de la excitación hasta que ocurre el orgasmo. Al venirle éste, la respiración acelerada y profunda, su concentración mental y su intenso éxtasis sexual culminarán en un ligero temblor del cuerpo y un breve ahogo. Esto es un orgasmo. Es, en realidad, una explosión muscular, un espasmo del clítoris, de la vagina, y de todo el cuerpo de la cabeza a los pies, sumamente placentero. Su cuerpo, sus brazos y sus piernas se ponen tensos, su respiración se acelera, se hace más pesada y profunda, y la esposa se estremece por dentro y por fuera con oleadas de placer. Respira larga y profundamente seis u ocho veces en apenas quince segundos o menos. Quizás el gozo más intenso de este proceso de tener un orgasmo es el momento justo antes de que se produzca la tensión del cuerpo y la rápida y profunda respiración final.

El orgasmo termina con un suspiro, una sonrisa, un relajamiento y un profundo agradecimiento a su esposo por haberle dado tanto placer y haberle permitido expresar la naturaleza que Dios le ha dado, lo cual es una parte maravillosa de la bendición de ser mujer. Los orgasmos de una mujer pueden variar en intensidad de tiempo en tiempo, dependiendo de las circunstancias. Es obvio que sería difícil para una mujer tener un orgasmo sin saber que lo tuvo. El esposo por lo general sabe cuando su esposa ha tenido un orgasmo, pero a veces puede no saberlo. Quizás no lo sepa en las primeras experiencias, pero tan pronto como la esposa adquiera experiencia en tener orgasmos con regularidad, el esposo lo sabrá siempre. Bajo ninguna circunstancia debe la esposa fingirle a su esposo y decirle que tuvo un orgasmo si en realidad no lo tuvo. Esto pudiera provocar problemas que serían difíciles de superar. Es mejor que los esposos enfrenten la verdad desde el comienzo y que tratan de encontrar juntos una solución. Después que la joven esposa haya tenido algunos orgasmos, aprenderá pronto qué técnicas seguir para lograrlos con regularidad.

Una pareja de nuestra investigación tuvo esa experiencia. Tuvieron una relación sexual su noche de bodas y la esposa no tuvo un orgasmo, pero el esposo sí. Después de la relación intentaron lograr que ella alcanzara el orgasmo mediante la estimulación directa. En ese proceso, ella se puso cada vez más tensa y nerviosa y no pudo excitarse más, aunque lo intentó y deseaba tener el orgasmo. Tuvo entonces que pedirle al esposo que no la siguiera estimulando. Se acostaron, se relajaron y hablaron por unas tres horas hasta tarde en la noche. Finalmente, pasada la medianoche, ella dijo: "Quiero que lo intentemos de nuevo." Repitieron el proceso de estimulación directa y después de unos diecisiete minutos ella tuvo su primer orgasmo. Lo que en realidad había ocurrido, en su caso, es que aprendió mucho en su primer intento y después de relajarse y estar más confiada, pudo entregarse plenamente a la excitación sexual, logrando así el éxito.

Una pareja no debe preocuparse si la esposa no tiene un orgasmo en el primer intento. En la investigación, 29% de las esposas experimentaron un orgasmo la primera vez que lo intentaron en su luna de miel, ya fuera mediante el coito o por estimulación directa. Hay que notar que 71% de las esposas no experimentaron un orgasmo la primera vez que lo intentaron en su luna de miel. Sin embargo, 79% de las esposas tuvieron uno o más orgasmos hacia el final de la luna de miel o en el transcurso de una semana. A algunas parejas esto les tomó dos semanas, mientras que a otras les tomó dos meses. Después de seis meses, fueron pocas las esposas que no habían tenido todavía un orgasmo. Algunas lo lograron aproximadamente en un año. Estas cifras obtenidas de la experiencia de ciento cincuenta y un parejas deben significar dos cosas para la pareja de recién casados. En primer lugar, no deben desanimarse si no alcanzan inmediatamente una perfecta plenitud sexual. En segundo lugar, todas las parejas pueden tener éxito, y lo tendrán con toda seguridad, si persisten en el uso de las técnicas apropiadas, con una actitud mutua de amor, paciencia y comprensión. Si una pareja ha estado casada por tres o cuatro meses y la esposa no ha tenido todavía un orgasmo, deben buscar la ayuda de un consejero matrimonial. En nuestra investigación, todas las parejas que volvieron a mí en busca de más ayuda, lograron pronto un buen ajuste sexual. Buscar ayuda no significa que la pareja reconoce que ha fracaso; lo que están diciendo es: "Nos negamos a fracasar." En realidad, es posible que hayamos hecho que este proceso de ajuste sexual en el matrimonio parezca más difícil de lo que en verdad es, pero lo hemos hecho intencionalmente para ayudar a las parejas en todas las circunstancias, en caso de que sea necesario.

Hay, en realidad, tres pasos en el ajuste sexual que toda pareja necesita saber. Son los siguientes: Primer paso, orgasmos; segundo paso, orgasmos en el coito; tercer paso, orgasmos simultáneos o casi simultáneos en el coito. Hay que recordar que en nuestra investigación 60% de las esposas tuvieron su primer orgasmo durante el coito. Para ellas, los dos primeros pasos ocurrieron en la misma ocasión. Esa debe ser la meta de todas las parejas. Sin embargo, recordemos que 40% de las esposas en nuestra investigación necesitaron de la estimulación directa para poder tener su primer orgasmo. Esto no significa que algo anduviera mal en esas esposas. No eran frías sexualmente. Era, simplemente, una cuestión de aprendizaje. Hay parejas que aprenden un poco más rápido que otras.

Ahora consideremos el 40% de las esposas que necesitaron de la estimulación directa para tener su primer orgasmo. Después de aprender a tener orgasmos mediante la estimulación directa, a veces hay un poco de dificultad en aprender a lograr orgasmos en el coito. Hace falta un poco de tiempo y práctica para aprender esta técnica. Ciertas sugerencias pueden ser de ayuda: (1) Dedíquenle más tiempo al período de excitación. (2) Asegúrense de que la esposa tiene un alto nivel de excitación antes de iniciar la relación sexual. (3) Cambien con rapidez de la posición de excitación al coito. (4) La esposa debe estar concentrada todo el tiempo, y de manera intensa, en su objetivo — excitarse y tener su orgasmo — durante la cópula. (5) El esposo debe tratar de prolongar el coito y responderle a la esposa en los movimientos y técnicas que ella desee, necesite y disfrute.

Si la esposa puede tener orgasmos mediante la estimulación directa pero no los logra en la cópula, después de intentarlo por uno o dos meses, es entonces aconsejable y necesario que la esposa reciba más estimulación directa del clítoris durante el coito. Cuando la pareja comienza la relación sexual después del período de excitación regular, pueden escoger una de dos maneras para darle más estimulación directa al clítoris. Una de ellas es éste: Tras el período de excitación e inmediatamente después de que la relación sexual ha comenzado, el esposo puede descansar el peso de su cuerpo en su brazo izquierdo y bajar su mano derecha hacia el clítoris de su esposa para estimularlo de manera directa mientras la relación sexual continúa. Esto es algo embarazoso, y le impide a la pareja besarse durante el acto, pero se puede hacer y da resultado. Un 24% de las parejas de nuestra investigación indicaron que habían usado esta técnica con éxito. Por lo general, con dos o tres minutos de este tipo de estimulación final, la esposa tiene el orgasmo en el coito. Ella le puede indicar al esposo cuando se acerca al orgasmo, y él puede cambiar a la posición original y tener su orgasmo al mismo tiempo que ella, o inmediatamente después.

Hay una segunda manera de lograr esa estimulación adicional. Después del período de excitación y cuando el esposo cambia de posición para comenzar la relación sexual, la esposa puede ponerse su propio dedo en su clítoris y continuar ella misma estimulándose de manera directa como lo había estado haciendo su esposo. Esto evitará que se le reduzca la excitación al producirse el cambio. El esposo cambiará de posición y comenzará la cópula, y dejará suficiente espacio entre los cuerpos para que ella mantenga su mano en el clítoris. Después de algunos minutos con esta técnica, la esposa puede llegar al orgasmo y su esposo lograr el suyo al mismo tiempo que ella, o inmediatamente después. De los dos métodos, este último es el más cómodo y posiblemente el más eficaz. No obstante, algunas esposas tienen un bloqueo psicológico en cuanto a esta idea de estimularse su propio clítoris y por eso no pueden utilizar con éxito esta técnica, pero disfrutan de la primera. El que la esposa se estimule el clítoris para mantener alto su nivel de excitación mientras su esposo cambia de posición y comienza el coito, no debe verse como algo malo. Esto es una relación total de cooperación entre esposo y esposa. ¡Recuerde la ilustración del dúo formado por el piano y el violín! Puesto que los cuerpos del hombre y de la mujer son diferentes, el ajuste sexual exige que tanto el esposo como la esposa hagan lo correcto, en el momento correcto y con la actitud correcta. Si la esposa necesita más estimulación directa después de que la relación sexual ha comenzado, la pareja no debe vacilar en darle esta estimulación en la forma que a ella le resulte más satisfactoria.

En el ajuste sexual, una cosa es importante para una pareja, y es la siguiente: Tanto el esposo como la esposa deben disfrutar de orgasmos en la relación sexual cuando esta relación sea posible. El método de estimulación y de excitación utilizado no es tan importante, con tal de que se logre el gran propósito que ambos buscan. Por supuesto, el método utilizado debe ser aceptable y agradable para ambos.

Es frecuente que las parejas pregunten: "¿Podemos aprender a tener nuestros orgasmos en forma simultánea durante el coito?" La respuesta es que los esposos que han tenido un buen asesoramiento y que cooperan mutuamente al máximo pueden poco a poco aprender a tener orgasmos al mismo tiempo, o casi simultáneamente. Nuestra investigación muestra que después de seis meses a dos años de experiencia matrimonial, 36% de las parejas llegaron a tener orgasmos simultáneos la mayoría de las veces o todas las veces. El 43% tuvieron orgasmos simultáneos algunas veces, mientras que 21% no habían experimentado todavía orgasmos simultáneos.

La mayoría de los consejeros matrimoniales modernos están de acuerdo en que la creencia tradicional de que los esposos deben tener orgasmos simultáneos es falsa y debe ser rechazada. También están plenamente de acuerdo en que lo más importante no es que los esposos tengan orgasmos al mismo tiempo sino que *ambos los tengan*. No obstante, es deseable que las parejas cooperen en el objetivo de lograr orgasmos simultáneos o casi simultáneos. El mejor procedimiento es que la pareja planifique que la esposa tenga el orgasmo primero, y que el esposo lo tenga junto con ella, o *inmediatamente* después.

Muchos consejeros recomiendan que la esposa tenga su orgasmo primero, y lo termine justo antes de que el esposo comience a tener el suyo. La ventaja que tiene esta manera de proceder es que cuando los esposos están teniendo sus orgasmos están en un estado de semiconsciencia y pueden hacer muy poco o nada para ayudar al otro o estar al tanto de lo que el otro está haciendo o experimentando. De manera que tal vez este procedimiento (de orgasmos separados donde el esposo lo tiene después de su esposa) tenga ventajas tanto para él como para ella. El esposo puede conscientemente ayudar a su esposa a lograr el clímax, y al hacerlo, puede disfrutar conscientemente de la experiencia de ella. Y cuando ella haya tenido el orgasmo, podrá conscientemente ayudar a su esposo a tener el suyo y disfrutar así de la experiencia de él. Esto debe ser algo muy significativo para ambos.

Reconocemos que hay mucha verdad en el razonamiento de que el tener orgasmos, uno, primero, y el otro, después, es ventajoso, y estamos de acuerdo con que ese procedimiento es algo completamente satisfactorio. Pero no convendríamos en que tal procedimiento es superior a la técnica en la que ambos logran sus orgasmos al mismo tiempo. Cuando los esposos tienen sus orgasmos al mismo tiempo, esto parece ofrecerles algo adicional, un dividendo, un apogeo de unidad espiritual, un gozo emocional y un éxtasis físico. No hay nada que les falte. En realidad, ambos procedimientos son plenamente satisfactorios. Compararlos es como comparar a diamantes idénticos o a mellizos idénticos.

Con relación a esto, existe a menudo el problema de que el esposo tenga el orgasmo antes de lo pensado y antes que su esposa tenga el suyo. Pero con el tiempo y la experiencia, el esposo podrá, por lo general, controlar este problema. Si él tiene su orgasmo primero, la esposa debe seguir tratando de tener el suyo. No debe detenerse. El esposo debe seguir moviéndose para ayudarla en todo lo posible. No debe hablarle ni romper de ninguna manera su concentración en el momento final en que se dispone a tener su orgasmo. Desde el momento en que el esposo cruza la línea hacia su orgasmo (donde ya no puede regresar) hasta que termina, transcurre un minuto o más. Durante ese tiempo, la esposa, a menudo, puede seguir moviéndose y llegar al orgasmo juntamente con él, o después de él.

En las conferencias de asesoramiento prematrimonial acerca del ajuste sexual, algunas parejas preguntan: "¿Qué hacer después que termina la relación sexual?" Por lo general, las parejas se mantienen en la misma posición, dejando al pene en la vagina por dos, tres o más minutos mientras que la experiencia sexual de ambos desciende gradualmente. Por lo general, este período está lleno de abrazos, besos y palmaditas amorosas que expresan el amor del uno hacia el otro. Después de unos minutos, se retira el pene y la pareja descansa abrazada y relajada por completo. Luego se siguen diciendo palabras cariñosas, de gratitud y felicidad. En realidad, *este período de relajamiento, en el que se expresan cariño después del acto sexual, es muy importante.* Si ambos disfrutan de este período, es prueba de que su relación no es simplemente un interés en la expresión sexual física, sino que es una relación de verdadero amor y unidad espiritual. Esto indica que hay un buen ajuste matrimonial. De esta manera se cumple el concepto cristiano de "una sola carne".

Capítulo 6

La planificación familiar mediante el uso de anticonceptivos

No tengo yo mayor gozo que este, el oír que mis hijos andan en la verdad.

3 Juan 4

Padre celestial, te damos gracias por tu providencia y tu previsión, en que nos amaste en Cristo desde la fundación del mundo. Que podamos participar en tus planes para nuestra vida al participar en tu providencia hacia los hijos que nos darás. Purifica nuestro corazón de irresponsabilidad y egoísmo, incluso cuando pareciera que obedecemos tus leyes. Ayúdanos a poner los descubrimientos de la ciencia bajo el dominio de tu gracia soberana. Porque tú no has hecho nada impuro ni sucio. Todas las cosas son para tu gloria. Amén.

Wayne E. Oates

Las parejas jóvenes que piensan casarse están sumamente interesadas en la planificación familiar y tienen el derecho a ser informados sobre este asunto. Se necesitan dos tipos de información. En primer lugar, las parejas necesitan información que las ayude a enfrentarse al matrimonio teniendo la actitud apropiada en cuanto al uso de los anticonceptivos. En segundo lugar, necesitan información en cuanto a la eficacia de anticonceptivos específicos y cómo usarlos. Ya establecimos en el capítulo 2 que el Creador planificó que la relación sexual en el matrimonio tuviera dos funciones. La función procreadora es para la reproducción y la propagación del género humano. La función unitiva es para que los esposos expresen, alimenten y desarrollen su amor el uno hacia el otro. Es inútil discutir sobre cuál de estas dos funciones es la más importante. En realidad, ninguna puede ser considerada secundaria. Por tanto, lo mejor es considerar que ambas tienen igual importancia. Ambas son importantes y necesarias en el plan de Dios para el matrimonio.

Dado que la relación sexual tiene dos funciones distintas, surgen ciertos problemas. Cuando una pareja tiene relaciones sexuales con el propósito de procrear, ésta va acompañada de la función unitiva de expresión amorosa y no hay ningún problema. Pero cuando se tienen relaciones sexuales con el único propósito de la función unitiva de mostrarse amor, tal como lo planificó el Creador, hay siempre la posibilidad de un embarazo y por eso surge un problema. Ya que Dios creó al marido y a la mujer con una necesidad de expresión sexual continua, existe la posibilidad de tener un embarazo tras otro, a menos que se haga un esfuerzo por controlarlos. El que una pareja tenga de veinte a veinticinco hijos es inconcebible. También es inconcebible que los esposos se abstengan de tener relaciones sexuales si no tienen el propósito de procrear. Así como el hombre empleó su mente para inventar un azadón que le permitiera librar sus cultivos de las malas hierbas, de la misma manera es necesario que emplee su mente para asegurarse de que las dos funciones creadas por Dios en cuanto a la relación sexual puedan efectuarse sin atropellarse o destruirse mutuamente. El movimiento moderno del control de la natalidad es simplemente un esfuerzo humano para permitir que ambas funciones se efectúen de manera normal. Así, pues, mediante el uso de los anticonceptivos, los esposos pueden planificar la paternidad de acuerdo con sus necesidades, y al mismo tiempo pueden expresarse su amor mediante el placer que les produce la relación sexual.

La Biblia no presenta ninguna afirmación positiva ni negativa en cuanto al control de la natalidad. La historia de Onán en Génesis 38:8ss. no se puede usar de manera objetiva como una prueba en contra del control de la natalidad. Cuando Er, el hermano mayor de Onán, murió, su padre Judá le dijo a Onán que se casara con Tamar, la esposa de su hermano difunto, y le diera hijos a ella. Esta práctica era común entre los hebreos. Se llamaba "levirato". Pero cuando Onán tenía relaciones sexuales con Tamar, practicaba el "coito interruptus", esto es, retiraba el pene antes de tener el orgasmo y vertía el semen en la tierra. Cuando se negó a darle hijos a la esposa de su hermano, de acuerdo con la costumbre judía, fue muerto. El pecado de Onán no fue que quería tener relaciones sexuales por placer, sin la intención de reproducirse, sino que se negó a cumplir con su deber moral hacia su hermano muerto, de acuerdo con la ley hebrea.

La mayoría de las grandes denominaciones religiosas de los Estados Unidos o bien han aprobado oficialmente el uso inteligente de los anticonceptivos, o algunas de sus agencias han expresado estar de acuerdo con su uso. La Convención Bautista del Sur, por ejemplo, no ha aprobado ni desaprobado oficialmente el movimiento de paternidad responsable. En una Conferencia de Vida Familiar de los Bautistas del Sur, un grupo de trabajo declaró:

> Apoyamos, sin titubeos ni apologías, los principios de la paternidad responsable. Creemos que cada familia tiene el derecho de buscar y recibir información con respecto al control de la natalidad para que los hijos que traigan al mundo sean deseados y queridos... Instamos, por lo tanto, a la Comisión de Vida Cristiana a publicar y hacer circular las decisiones de los Bautistas del Sur y de otros grupos [cristianos] que promueven la paternidad responsable.[1]

Por lo general, los bautistas y varios otros grupos evangélicos están de acuerdo con el punto de vista de que el uso de los anticonceptivos en un asunto privado y personal que deben decidir los esposos. Lo cierto es que la mayoría de los miembros de esos grupos creen en, y practican, el uso de los anticonceptivos, y al hacerlo no están violando ninguna disposición oficial de su denominación. Una joven pareja cristiana puede casarse con la confianza de que tiene, no sólo la responsabilidad positiva ante Dios y ante sí mismos de tener uno o más hijos, sino además la responsabilidad positiva de decidir juntos el número de hijos que desean tener y cada cuánto tiempo desean tenerlos. Además, se pueden casar con la confianza de que el uso

---

1   *The Church and the Christian Family* [La iglesia y la familia cristiana] (Nashville, Tenn.: Convention Press, 1963), p. 114.

inteligente de anticonceptivos para espaciar la llegada de los hijos y hacer posible la relación sexual regular para expresarse su amor, está definitivamente dentro del plan de Dios y de los principios cristianos fundamentales.

LOS DIFERENTES ANTICONCEPTIVOS

Los métodos de control de la natalidad más utilizados, enumerados desde el más eficaz hasta el menos eficaz, considerando el número de embarazos no planificados o deseados en un año por cada mil mujeres que hicieron un uso correcto de cada método, son los siguientes:

1) El más eficaz es la *píldora* (de estrógeno y progesterona), con un embarazo por cada mil mujeres.

2) El segundo más eficaz es la *vasectomía* (el hecho de cortar el conducto deferente del hombre mediante una operación quirúrgica menor), con dos embarazos por cada mil parejas.

3) El tercero más eficaz es el *condón* (una funda de goma llamada también preservativo) usado con una gelatina o crema anticonceptiva, con diez embarazos por cada mil mujeres.

4) El cuarto más eficaz es el *dispositivo intrauterino* (DIU), con 19 embarazos por cada mil mujeres.

5) El quinto más eficaz es el *diafragma con una crema o gelatina,* con 26 embarazos por cada mil mujeres.

6) El sexto más eficaz es el *condón sin crema,* con 26 embarazos por cada mil mujeres.

7) El séptimo más eficaz es la *espuma vaginal,* con 76 embarazos por cada mil mujeres.

8) El último y menos eficaz es el *método rítmico,* con 140 embarazos por cada mil mujeres.

LOS ANTICONCEPTIVOS ORALES

Antes de considerar los métodos tradicionales de control de la natalidad, diremos algo sobre los nuevos anticonceptivos orales. Cuando se toman de acuerdo con las recetas médicas, las píldoras anticonceptivas orales que hoy se encuentran en el mercado son casi cien por ciento eficaces para ayudar a la pareja en el control de la natalidad. Es cierto que hay ciertos efectos secundarios implicados en el uso de la píldora, y por esto algunas mujeres se niegan a usarla.

Sin embargo, si se ven los posibles efectos secundarios en su justo valor, el número de muertes provocadas por el uso de la píldora es de 22,8 por cada 100.000 mujeres comparado con 100 muertes por cada 100.000 que se someten a abortos ilegales. El uso de la píldora es menos peligroso para la vida y la salud que fumar, conducir un automóvil o nadar.

Como autor, me inclino a animar a las jóvenes parejas a considerar el uso de anticonceptivos orales bajo la supervisión de su médico personal de confianza. Sin duda sería bueno que todas las parejas consideraran la posibilidad de usar anticonceptivos orales, tras consultar con su médico, antes de tomar una decisión final con respecto a cuál anticonceptivo usar. Hay que recordar que los médicos no recetan anticonceptivos orales bajo ciertas condiciones de salud. Una de nuestras principales preocupaciones es ayudar a la joven pareja a iniciar la vida de casados bajo circunstancias que favorezcan el buen ajuste sexual en el matrimonio lo antes posible. El uso de anticonceptivos orales elimina el temor al embarazo y a los complicados problemas que conlleva el uso de los anticonceptivos convencionales. Si no intervienen otros factores, esto en realidad constituye una gran ventaja. Suponiendo que no constituyen ningún riesgo para la salud humana, podemos decir con toda seguridad que no hay más fundamentos morales para cuestionar los anticonceptivos orales, que los que hay para cuestionar los anticonceptivos tradicionales.

EL CONDÓN CON GELATINA VAGINAL

De todos los anticonceptivos tradicionales utilizados, el condón con gelatina vaginal es quizás el más eficaz y satisfactorio durante los primeros meses o años de matrimonio. Se compran con facilidad en cualquier farmacia, no requieren receta médica y son fáciles de usar. El condón es una envoltura de goma en la que se introduce el pene para que reciba el semen y evite que los espermatozoides lleguen al canal vaginal. Es el anticonceptivo tradicional más utilizado. La gelatina vaginal contiene una sustancia química que destruye a los espermatozoides al tocarlos. Esta gelatina se inserta en la vagina y se deposita cerca del cuello de la matriz con un aplicador plástico. Muchas parejas confían en el condón solamente, pero cuando las circunstancias exigen la planificación familiar, el uso del condón con la gelatina vaginal proporciona protección adicional. Cuando se usan ambos, de manera estricta, el riesgo de un embarazo es muy pequeño.

Para usar el condón, el esposo debe ponerse una pequeña cantidad de gelatina quirúrgica o vaginal, u otro lubricante *(Recuerde, ¡sólo un poquito!)* sobre el glande, en estado de rigidez. Conviene desenrollar el condón hasta una vuelta, o vuelta y media, y extenderlo sobre el glande, teniendo cuidado de que el condón quede lubricado sólo por dentro. A la punta del pene cubierto deberá dársele un breve masaje para lubricar el condón en su parte superior interna. Después hay que desenrollar el condón hacia abajo, lo más posible, estando rígido el pene. La poca cantidad de lubricante sobre el glande tiene como propósito permitirle al condón ensancharse en vez de estrecharse, lo que podría hacer que se rompiera. Antes de la primera relación sexual, las primeras dos terceras partes del exterior del condón deben estar lubricadas. Cuando el condón sin lubricar se coloca sobre el pene erecto no lubricado, y la lubricación se hace después por fuera, el condón no se saldrá durante la relación sexual.

El condón debe revisarse con cuidado antes de usarse, para estar seguro de que no tiene defectos. Los condones que se compran en las farmacias se hacen bajo la inspección y supervisión del gobierno, y las existencias se mantienen siempre renovadas. Esto contribuye a que sea una mercancía confiable. Es cierto que el uso del condón puede hacer que el esposo tarde más en excitarse sexualmente. Sin embargo, ya que la mayoría de los jóvenes esposos son sexualmente unos "gatillos alegres", el uso del condón es una clara ventaja que les ofrece el muy necesario control adicional en la primera parte de su vida matrimonial. Los condones son tan delgados que amortiguarán muy poco la sensación y no impedirán que el esposo alcance su orgasmo de manera normal. Después del orgasmo, cuando el pene erecto se vuelve fláccido, debe retirarse con cuidado de la vagina, ya que el condón pudiera salirse y quedarse en la vagina. En este caso, habría la posibilidad de que quedara esperma en la vagina. Para evitar ese riesgo, el esposo debe levantar el cuerpo apoyándose en los brazos y en las manos, mientras que la esposa sostiene el pene y el condón mientras el esposo lo retira. De esta manera el condón saldrá siempre junto con el pene.

Por lo general, conviene que la pareja tenga completamente preparados los anticonceptivos antes de comenzar con el período de excitación. Si emplean gelatina vaginal, se recomienda que la gelatina se halle colocada dentro de la vagina por lo menos diez minutos antes de que ocurra el orgasmo del esposo. Durante este tiempo la temperatura del cuerpo disolverá la gelatina y correrá por toda la vagina y de este modo se incrementará la protección. Sin embargo, los diez minutos no son un problema porque una pareja necesita este tiempo, y aun más, para el período de excitación. Cuando el condón es utilizado con gelatina vaginal, debe ser examinado con cuidado después de la relación sexual. Si no ha habido problema, el canal vaginal se puede lavar libremente. Pero si hay dudas en cuanto a la eficacia del condón, entonces debe dejarse la gelatina en la vagina de ocho a diez horas antes de ser lavada.

El pasaje vaginal, por naturaleza, se mantiene limpio y no necesita lavarse a menos que lo indique un médico. Pero cuando se ponen en la vagina materiales extraños como la gelatina vaginal, puede ser necesario que se lave. Algunos médicos recomiendan la ducha vaginal, y otros el irrigador vaginal. La ducha vaginal constituye una sola pieza y es la menos problemática para usar. Se puede envolver en una toalla y llevarse con facilidad mientras se viaja. El irrigador vaginal está compuesto de un recipiente de goma y un largo tubo de goma, con cánula. Es un poco más complicado para usar, pero permite un lavado profundo. Muchos médicos creen que el irrigador vaginal es el más eficaz para limpiar la vagina. La mujer debe seguir las indicaciones de su médico. Cualquiera de los dos instrumentos se pueden comprar en cualquier farmacia. Para lavar la vagina es suficiente agua tibia. No use otras sustancias a menos que se lo indique un médico.

Sólo se deben comprar una o dos docenas de condones cada vez porque cuando se guardan por mucho tiempo su resistencia a la rotura puede disminuir. Los condones se pueden volver a usar con éxito. Aunque es más costoso, la mayoría de las parejas piensan que es mejor utilizar uno nuevo cada vez. Un condón usado después de lavado y secado puede ser utilizado nuevamente metiéndole dos dedos y extendiéndolo con la otra mano. La posibilidad de un accidente es bastante mayor cuando se usan de nuevo los condones. Los condones no deben ser depositados en el inodoro, porque obstruirán el sistema de drenaje.

EL DISPOSITIVO INTRAUTERINO (DIU)

Otro método de control de la natalidad es el dispositivo intrauterino, que por lo general se llama DIU. Es un rizo suave y flexible o un disco de forma irregular que el médico debe insertar a través de la vagina y la cerviz en el útero. Esto se puede hacer en cualquier consultorio médico con un mínimo de molestia y rara vez es doloroso. El DIU puede causar algunos acalambramientos y dolores de espaldas por algunos días después de su inserción. También puede haber un flujo menstrual más denso de lo normal y hasta una sangradura leve entre uno y otro período menstrual durante los primeros meses en las mujeres que usan este dispositivo. Sin embargo, aproximadamente 90% de las mujeres no tienen problemas con el DIU. Aunque el DIU es conveniente y eficaz, es una forma controversial de control de la natalidad. Ya que evita que el huevo *fertilizado* se implante en la matriz, el DIU es considerado por muchos un dispositivo provocador de abortos.

EL DIAFRAGMA CON GELATINA VAGINAL

Otro método anticonceptivo que goza de gran aprobación es el diafragma con gelatina vaginal. Este método es recomendada por muchos médicos. El diafragma es un disco de goma flexible que se coloca en la vagina sobre la cerviz (la abertura entre la vagina y la matriz) para evitar que los espermatozoides entren a la matriz. Este diafragma debe ser colocado por primera vez por un médico para que quede bien puesto. El tamaño del canal vaginal varía de una mujer a otra y es importante utilizar el diafragma del tamaño correcto para tener la mayor protección posible. Después de colocar el diafragma, el médico le enseñará a la paciente cómo ponérselo en el lugar apropiado para alcanzar la máxima eficacia. En la relación sexual, el pene que ha sido introducido en la vagina, entra y sale por debajo del diafragma. Ni el esposo ni la esposa estarán conscientes de la presencia del diafragma durante la relación sexual si éste está bien colocado. Si una pareja ha usado el diafragma con gelatina vaginal y después de tener relaciones sexuales intentan tenerlas de nuevo después de varias horas, deben volver a aplicar gelatina vaginal para la máxima protección. Después de la relación sexual, el diafragma y la gelatina se deben dejar en la vagina entre ocho a diez horas. Después de este tiempo debe lavarse la vagina como ha sido descrito antes. Si una pareja tiene relaciones sexuales durante el día, la esposa tendrá que utilizar una toalla sanitaria hasta que llegue la hora de lavarse la vagina.

Una ventaja del diafragma es que la esposa puede colocárselo antes del período de excitación sexual. Sin embargo, la gelatina se debe insertar poco antes de que comience este período de excitación. Otra ventaja es que el diafragma le permite al esposo la máxima estimulación. Repito que, por lo general, el joven esposo no necesita más sino menos estimulación, para que pueda controlarse mientras espera que su esposa esté excitada del todo. La mayoría de los médicos no le colocan un diafragma a la futura esposa por causa del himen, y también porque la manipulación del condón es un poco más fácil y un poco más segura para los nuevos esposos.

Algunos médicos y consejeros matrimoniales recomiendan que las parejas comiencen su vida matrimonial con el uso del condón más la gelatina vaginal, y que más tarde cambien al diafragma más la gelatina. Esto presenta un riesgo psicológico para algunas parejas jóvenes, en especial si se encuentran ansiosas por controlar la paternidad. Algunos pueden razonar que están usando el condón con éxito y que si cambian no estarán seguros de poder usar el diafragma con éxito. Recomendamos, por consiguiente, que las parejas de recién casados continúen usando el condón con la gelatina hasta unos seis meses antes que estén listos para el primer embarazo. En este momento, si ambos esposos están de acuerdo, pueden cambiar al uso de un diafragma con gelatina vaginal siguiendo la orientación de un médico. Si ocurriera un embarazo, estarían felices. Si usan el diafragma y la gelatina vaginal por seis meses sin que la esposa quede embarazada, pueden estar bastante seguros de que pueden usar el diafragma con éxito, y de esta manera habrán conquistado la barrera psicológica del cambio de método anticonceptivo. Pueden entonces dejar de usar cualquier anticonceptivo para llegar al embarazo, y después que nazca el bebé pueden continuar con el uso del diafragma con mucha confianza. La cerviz se vuelve algo más grande después del nacimiento del bebé. Por lo tanto, la esposa debe ver de nuevo a su médico después de cada embarazo para que le sea colocado de nuevo el diafragma del tamaño apropiado antes de reanudar las relaciones sexuales.

La fabricación y venta de anticonceptivos es un gran negocio. Por el proceso normal de la competencia, muchas compañías tienen productos en el mercado. Podemos estar seguros de que algunos de los productos que se anuncian son de calidad inferior. La pareja joven que piensa casarse debe seguir las indicaciones de su médico o de su consejero matrimonial al seleccionar las marcas de los anticonceptivos. Una pareja prudente no compraría ni usaría anticonceptivos anunciados como una novedad en revistas poco serias y que garantizan el cien por ciento de eficacia. Ni una esposa usaría un anticonceptivo extraño sólo porque una vecina lo ha estado usando con éxito. Es posible que la vecina sea una persona a la que le resulta difícil quedar embarazada o que sea estéril sin saberlo. Si hay buenos anticonceptivos, el médico o el consejero matrimonial lo sabrán y los recomendarán.

Toda pareja debe hablar acerca del uso de anticonceptivos y debe hacer una decisión en cuanto a ellos unas semanas antes de la fecha de la boda. Por lo general, la decisión que tome la pareja debe ser el resultado de la discusión libre y del acuerdo armonioso entre ambos. A muchos de nosotros nos parece que el esposo deseará estar seguro de que la esposa aprueba el método de control de la natalidad usado, ya que la esposa es quien lleva la mayor responsabilidad en la reproducción.

Es obvio que el uso de algunos anticonceptivos es un procedimiento algo complejo, embarazoso y antiestético. Esto hace que algunas parejas jóvenes tengan un bloqueo psicológico, se rebelen y se nieguen a usar anticonceptivos, un problema que no se presenta en el uso de las píldoras anticonceptivas orales, el DIU y la vasectomía. Sin embargo, ya que algunas parejas deben usar anticonceptivos convencionales, les resultará útil combinar la preparación de los anticonceptivos con el período de excitación del juego amoroso. El uso de los anticonceptivos se puede convertir, poco a poco, en una parte aceptable de la experiencia amatoria total.

Es necesario informar a las parejas jóvenes que hay la posibilidad de un embarazo aunque el esposo no tenga un orgasmo. Cuando el pene está erecto hay un fluido que se escurre desde la uretra (la abertura del pene) en todos los hombres. En algunos hombres (entre 10 y 15%) sus espermatozoides sueltos se meten en este fluido. Es muy difícil determinar cuándo estos espermatozoides sueltos pueden estar presentes. Muchos factores están involucrados en esto, tales como la condición física, la duración del tiempo entre una experiencia sexual y otra, etc. A veces cuando los cónyuges se acuestan de noche, pueden excitarse sexualmente al tener una conversación cariñosa. Aunque no han planificado tener orgasmos, pueden poner el pene en el canal vaginal por un rato, relajarse y dormirse. Esta es una experiencia normal y placentera, pero hay la posibilidad de un embarazo, aunque no se haya producido un orgasmo. Las parejas que necesitan evitar un embarazo deben evitar poner el pene en el canal vaginal a menos que se utilicen anticonceptivos. Cuando una pareja se encuentra a seis meses del momento en que les gustaría iniciar un embarazo, debieran practicar el proceso anteriormente descrito una o dos veces por semana y especialmente durante el período de ovulación. Hacer esto y que no ocurra un embarazo pudiera ser una prueba de que pueden practicar esta experiencia amatoria en el futuro con menos riesgo. Sin embargo, hay que decir que siempre hay cierto riesgo. Quizá sería provechoso que la pareja discutiera esto con su médico.

Una forma de control de la natalidad no recomendada por los consejeros matrimoniales es el "coitus interruptus", es decir, el retirar el pene antes que ocurra el orgasmo. Dos reparos importantes se le hacen a esta forma de control. En primer lugar, hay poca seguridad de que este método funcione. Los espermatozoides sueltos antes mencionados pueden ser un riesgo para algunos. Además, la naturaleza de la excitación sexual del hombre es tal que con toda probabilidad no podrá controlarse totalmente justo antes del orgasmo. La segunda objeción es el efecto psicológico que produce el retirar el pene en la experiencia sexual de ambos esposos. Este método requiere la interrupción abrupta, justo en el preciso momento en que ambos necesitan seguir con el mismo movimiento y la misma estimulación y hasta incrementarlos a fin de darle expresión completa a la experiencia amatoria creada por Dios para ellos. El retirar el pene puede privar a la esposa de su orgasmo en la relación sexual. A las parejas les preocupan dos cosas: la paternidad responsable, y el buen ajuste sexual. La práctica del coitus interruptus no les proporciona ni lo uno ni lo otro.

Dos parejas en nuestra investigación practicaban un tipo de control diferente. Estaban muy ansiosos de finalizar su educación. Durante el primer o el segundo mes de su matrimonio, vivieron con el temor mortal de un embarazo, hasta que el período de menstruación aparecía cada mes. Por fin, acordaron mutuamente como una norma temporal no tener relaciones sexuales, por lo que preferían expresarse su amor y su necesidad sexual teniendo orgasmos de manera simultánea mediante la estimulación directa. Aunque esperaban ansiosamente el día en que con toda libertad pudieran tener relaciones sexuales, decían que el procedimiento temporal era perfectamente aceptable y satisfactorio de acuerdo con las circunstancias. Pocos consejeros matrimoniales recomendarían este método. Pero la mayoría estarían de acuerdo en que era una decisión razonable por parte de las dos parejas, en vista de sus circunstancias particulares.

Otro método de control de la natalidad no recomendado por la mayoría de los consejeros matrimoniales es el método rítmico o también llamado "período libre", es decir, el no tener relaciones sexuales tres o cuatro días antes y después del período de ovulación, creyendo que durante el resto del ciclo mensual la concepción no podría ocurrir. Hay varias razones por las que este método de control no es fiable. La ciencia médica todavía no está segura en cuanto al tiempo de vida tanto del espermatozoide como del óvulo. Además, es difícil determinar el momento preciso en que se produce la ovulación. Normalmente, en un ciclo menstrual de veintiocho días, se espera que ocurra al final del día catorce, esto es, catorce días antes de que se inicie el siguiente período. Nuestra investigación indica que 60% de las esposas no tenían ciclos de veintiocho días. Un 10% tenían ciclos de menos de veintiocho días y 50% ciclos de más de veintiocho días. Además, antes de casarse, 45% de las esposas en nuestra investigación tenían ciclos irregulares. Después de casarse, 47% tenían ciclos irregulares. El promedio de duración de su ciclo menstrual antes de casarse era de 31,2 días. Después del matrimonio, el promedio era de 30,1 días.

Aunque el ciclo sea algo regular, no hay ninguna garantía de que el período de ovulación será en el día catorce. Las mujeres no son robots mecánicos. Son personas con sentimientos, motivaciones, con deseos de ser felices y con inclinaciones de autoprotección y autopreservación. Muchas experiencias de la vida, tales como una enfermedad, una crisis, un accidente o un disgusto pueden cambiar de fecha el período de ovulación. Además, algunas esposas ovulan durante el estímulo de la relación sexual. En otras palabras, el llamado "período seguro" no es fiable. Esto no quiere decir que una pareja jamás debe usar este método. Pero las parejas cuyas circunstancias exijan una paternidad planificada no deben de ninguna manera utilizarlo.

Cuando una pareja esté a seis meses del tiempo que han planificado para un embarazo, pudieran experimentar con este método. Pudieran estudiar con cuidado el patrón de menstruación de la esposa y determinar el período de ovulación, en la medida que les sea posible. Deben asegurarse de utilizar anticonceptivos por cuatro o cinco días antes y después del posible período de ovulación, pero pudieran correr algún riesgo durante el resto del ciclo. Si ocurre un embarazo, éste sería recibido con alegría, ya que estaba planificado. Pero si la concepción no ocurre después de experimentar por seis meses, puede suponerse que el período de ovulación es lo bastante regular como para tomar algunos riesgos en el futuro. Sin embargo, el porcentaje de riesgo seguiría aun siendo bastante alto. El saber que todavía hay riesgos que pudieran ser evitados no conduce a relaciones sexuales placenteras.

Es bueno que toda joven esposa mantenga un calendario permanente donde registre el comienzo de su período menstrual. Este registro le será de ayuda para planificar y evitar los embarazos en su vida conyugal. Además, este registro le será importante como parte de su historia médica para efectos de control médico. Lo que se registra en un calendario no se olvida mientras que a la mente le resulta fácil olvidar.

Muchas parejas jóvenes manifiestan una ansiedad considerable con respecto a comprar anticonceptivos en una farmacia. Les daré algunas sugerencias. Supongamos que esta responsabilidad le corresponde al esposo. Él debe anotar en un papel todo lo que necesita, incluso la marca de los condones, la gelatina vaginal, etc. Al entrar a una farmacia, debe solicitar al farmacéutico. Dos a tres veces de cada cinco, una mujer será quien atiende al joven esposo. Él le puede decir: "Deseo ver al farmacéutico". Cuando el esposo vea al farmacéutico — que pudiera ser hombre o mujer — o el empleado con más años en la farmacia, no es necesario decirle nada. Puede sencillamente extenderle la lista como si fuera una receta médica. El farmacéutico comprenderá en seguida la naturaleza de la compra, le conseguirá lo que aparece en la lista, y le entregará la mercancía en un paquete. De esta manera, habrá realizado la compra, a menudo en presencia de otros clientes sin que ellos se enteren de la naturaleza de lo comprado.

Aunque nos hemos imaginado que le corresponde al esposo comprar los anticonceptivos, no hay razón alguna para que la esposa no pueda comprarlos. Si no hay una empleada mayor disponible, puede darle la lista escrita al farmacéutico, quien la atenderá de una manera impersonal, profesional y digna. No hay en realidad una razón válida para que una joven pareja deba vacilar al comprar los productos que necesitan. Esta es una experiencia normal que tienen los farmacéuticos muchas veces por semana. Puede ser de ayuda a la pareja que adquieran estos productos de un farmacéutico o empleado que sea amigo personal de ellos.

Es obvio que al usar los anticonceptivos, hay más probabilidad de que ocurra un percance durante las primeras experiencias sexuales de la vida matrimonial. Por lo tanto, para evitar embarazos, la pareja debe tener el máximo cuidado, aun después de haberse asesorado de la mejor manera posible. Deben recordar que los médicos y los consejeros matrimoniales no son infalibles y que el elemento humano está siempre presente. La responsabilidad descansa sobre la decisión compartida de la pareja. Aunque la pareja no debe permitir que la posibilidad de que se produzca un embarazo se convierta en una fuente importante de temor, deben planificar y proceder de manera cuidadosa. Deben razonar y tomar decisiones a la luz del conocimiento de la verdad que conocen, pero teniendo la clara conciencia de que si engendran un hijo como resultado de su experiencia amorosa, deben aceptarlo sin reservas, amarlo con todo el corazón y darle la misma oportunidad de tener una vida plena, como si hubiera estado dentro de sus planes traerlo al mundo.

Capítulo 7

El ajuste sexual insatisfactorio en el matrimonio

El marido cumpla con la mujer el deber conyugal [sexual], y asimismo la mujer con el marido. La mujer no tiene potestad sobre su propio cuerpo, sino el marido; ni tampoco tiene el marido potestad sobre su propio cuerpo, sino la mujer. No os neguéis el uno al otro, a no ser por algún tiempo de mutuo consentimiento, para ocuparos sosegadamente en la oración; y volved a juntaros en uno, para que no os tiente Satanás a causa de vuestra incontinencia.

1 Corintios 7:3-5

Una mujer casada que no ha experimentado un orgasmo quiere saber, con toda razón, por qué no ha tenido esta experiencia. ¿Cuáles son algunas condiciones que pudieran impedírselo? Por lo general, se puede decir que no hay una sola causa, sino más bien *muchas causas pequeñas interrelacionadas* que obran juntas, para explicar por qué una esposa no ha logrado un orgasmo. Si una pareja puede identificar esas posibles causas, entenderlas y aceptar que son reales están a la mitad del camino hacia la victoria. Esas causas se pueden bosquejar de la manera siguiente:

I. UNA RELACIÓN CONFLICTIVA ENTRE LOS ESPOSOS

1. Pudo haber conflictos entre los esposos durante el período de noviazgo, que fueron llevados a la vida matrimonial. En el noviazgo, se puede restar importancia a esos conflictos o ignorarlos, pero en el matrimonio tienden a crecer y a volverse muy reales y pueden, de

manera consciente o inconsciente, obstaculizar una buena relación amorosa.

2. Pudo haber conflictos o malentendidos en la luna de miel, en el período inicial de intimidad sexual. Éstos pudieran causar cicatrices emocionales que siguen latentes, y nuevos conflictos.

3. Puede ser que haya conflictos adicionales en otras esferas. Una diferencia de cinco a diez años en la edad puede ser causa de desacuerdos inconscientes y de discordia. Si un esposo siente que su madre, sus hermanas u otras parientas cocinan mejor o son mejores amas de casa que su esposa, esto pudiera convertirse en una gran fuente de conflicto. Las diferencias en otros aspectos, tales como la educación, el manejo del dinero, la religión, la vida social y el trasfondo cultural pueden causar conflictos.

4. Pudieran haber aversiones ocultas del uno hacia el otro por hábitos, actitudes, ideas y gustos que tienden a obstaculizar una buena relación amorosa.

5. Pudiera haber un sentimiento de competencia o celos entre el esposo y la esposa, en lugar de un sentimiento de amor recíproco y confianza.

II. PROBLEMAS PERSONALES DEL ESPOSO

1. El esposo, ya que tiene una libido muy fuerte, y es normal que así sea, muchas veces puede tener la tendencia a ser egoísta en su búsqueda de satisfacción sexual. A él le resulta difícil comprender la lenta excitación que es lo normal para su esposa. La mayoría de las parejas que no han desarrollado un ajuste placentero no le dedican el tiempo suficiente al período de excitación. La actitud apresurada del esposo puede ser inconscientemente áspera, ruda y falta de tacto, en vez de gentil, considerada, tierna, paciente, comprensiva y humilde.

2. A veces, un esposo inseguro es un esposo dominante. A ningún ser humano le gusta ser dominado. Si el esposo tiende a dominar a su esposa, esto desarrollará en ella temores secretos que pueden obstaculizar sus relaciones amorosas.

3. Algunos jóvenes esposos van al matrimonio con temores secretos en cuanto a su capacidad sexual, tales como no creerse fogosos, tener el pene demasiado pequeño o no poder satisfacer a su esposa. La mayoría de estos temores son puramente imaginarios y no tienen

fundamento alguno, aunque son verdaderos en la mente de algunos jóvenes esposos y pueden dificultar que un hombre satisfaga todas las necesidades sexuales de su esposa.

4. Puede haber fuertes sentimientos de culpa con respecto a algo que se ha practicado en el pasado, como la masturbación compulsiva u otras válvulas de escape sexuales.

III. PROBLEMAS PERSONALES DE LA ESPOSA

1. La joven esposa puede haber desarrollado temores internos en cuanto al sexo, que tienen su raíz en su niñez o en las experiencias de su juventud. Esto es causado a veces por la falta de orientación por parte de los padres. Es frecuente que las jóvenes sientan secretamente que son frías porque su libido no se manifiesta como en los muchachos, o por algunas historias exageradas e imaginarias que han escuchado acerca de la vida sexual de algunas mujeres. Por tanto, es común que se sientan poco atractivas sexualmente, pero no lo son. Dios no crea a personas sin los atractivos propios de su sexo.

2. A veces, las jóvenes llegan al matrimonio con ideas ascéticas. Sienten que el sexo no es "espiritual"; que las muchachas decentes no "se rebajan a eso". Esta idea *completamente falsa* y *anticristiana* puede bloquear fácilmente el progreso sexual de una mujer en el matrimonio. Sus padres y la sociedad no la han ayudado a entender y distinguir entre dos hechos: (a) la vida sexual en el matrimonio (la monogamia) es moral y espiritual, de acuerdo con el plan del Creador en la naturaleza, y (b) sólo *el mal uso* y el *abuso* del sexo son malos. (Génesis 1:27-31; 2:18-25; Marcos 10:9; Proverbios 5:1-21; 1 Tesalonicenses 4:1-8; Hebreos 13:4; 1 Corintios 7:1-5, y todo el Cantar de los cantares de Salomón.)

3. El a veces prolongado período de molestia física en su experiencia sexual conyugal de los primeros días y semanas, puede condicionar a la joven esposa en contra del sexo y confirmarle algunos de sus temores secretos. Esta molestia puede incluir el que no lograran, en varios días, introducir el pene en la vagina; cierta sangradura al producirse la penetración; y el considerable dolor sufrido en los primeros intentos por tener relaciones sexuales. En nuestra investigación, 52% de las esposas indicaron que experimentaron poco dolor en la primera relación sexual, mientras que 28% dijeron que tuvieron mucho dolor en su primera relación. De ciento cincuenta y una

parejas, sesenta y tres parejas afirmaron que necesitaron de tres a nueve experiencias sexuales para que cesara el dolor, mientras que a diecisiete les tomó entre diez a veinticinco experiencias. Se trata sencillamente de realidades biológicas. Sin embargo, aunque son molestas, no tienen en realidad ninguna relación con la capacidad de la mujer de tener una vida sexual normal.

4. Algunas jóvenes van al matrimonio con fuertes sentimientos de inseguridad e inferioridad. Estos sentimientos tienden a obstaculizar el ajuste sexual. Al faltarles confianza en sí mismas, las jóvenes se vuelven a menudo demasiado pasivas, lo que les impide excitarse plenamente y tener una experiencia sexual a plenitud.

5. A veces, las jóvenes se casan teniendo sentimientos de culpa en cuanto a su pasado. En sus años de adolescencia, la fuerte curiosidad lleva a ciertas experiencias de naturaleza sexual, lo que hace que los sentimientos de culpa por la experimentación las condicione mentalmente en contra del sexo.

6. A veces, la esposa simplemente se siente feliz con las cosas, tal y como están. Su preocupación primordial durante el noviazgo fue casarse, tener un esposo, un hogar y un bebé. Ahora lo tiene todo, se encuentra encantada con su situación personal y disfruta satisfaciendo las necesidades sexuales de su esposo. Se siente bien con su casa, su bebé y sus amigas y amigos. Vive abnegadamente para ellos y sencillamente desatiende sus propias necesidades sexuales.

IV. OTROS PROBLEMAS DE CARÁCTER GENERAL

1. En algunos casos puede tratarse de un problema de salud, tales como una mala alimentación, una deficiencia hormonal o alteraciones glandulares. La mayoría de estos problemas pueden ser corregidos con un buen tratamiento médico.

2. Ciertas parejas sencillamente llegan al matrimonio con una falta de conocimiento acerca de la naturaleza y las funciones de los órganos sexuales y de las técnicas sexuales normales. Esto no les sucede a la gran mayoría de los graduados universitarios u otras personas que han tenido un cabal asesoramiento prematrimonial por parte de un consejero matrimonial capacitado.

3. Uno de los mayores impedimentos para el ajuste sexual en el matrimonio es la falta de tiempo para las experiencias sexuales. Muchas parejas viven corriendo y en sus experiencias sexuales tam-

bién corren, por la falta de tiempo. A la joven esposa le resulta difícil entregarse por completo a una experiencia sexual con su esposo bajo circunstancias de apresuramiento.

4. Tan importante como la falta de tiempo es la falta de privacidad que se experimenta a menudo en los primeros tiempos de vida conyugal. Entre estos problemas están las puertas sin cerradura, las ventanas o puertas sin cortinas, las camas que hacen ruido y las paredes delgadas. Sin embargo, estos problemas se pueden resolver, por lo general, si la pareja es ingeniosa. Por ejemplo, muchas parejas ponen el colchón en el piso para eliminar el chirrido de las camas.

5. Algunas parejas, antes de casarse, dan por sentado que el ajuste sexual perfecto en el matrimonio será fácil, rápido y automático. Cuando esto no sucede, desarrollan temores, sentimientos de culpa y con frecuencia pánico. Se vuelven demasiado ansiosos, muy serios y se exasperan más de la cuenta, y en su resolución por lograr el éxito se vuelven a menudo hostiles el uno para con el otro. Pero tienen que darse cuenta de que su experiencia es universal y que pueden ser necesarias semanas y meses para que se produzca un buen ajuste.

A lo largo de este libro, he recalcado la idea de que un buen ajuste sexual en el matrimonio es de importancia fundamental. Por definición, el buen ajuste sexual ocurre cuando el esposo y la esposa se dedican con amor a satisfacerse mutuamente sus necesidades sexuales, emocionales y espirituales, y cuando ambos tienen orgasmos en cada experiencia sexual en la que se expresan su amor recíproco. El método de excitación, la posición utilizada, el tiempo que se necesite y la frecuencia de las experiencias son de importancia secundaria. Estos pueden variar con cada experiencia sexual y entre una pareja y otra.

La buena vida sexual de los esposos debe producir muchos frutos positivos. (1) Debe desarrollar la confianza en sí mismos como individuos. (2) Debe producir mucha energía que se puede utilizar en proyectos creativos que beneficien a los demás miembros de la familia y la comunidad. (3) Debe promover seguridad, madurez, felicidad y el desarrollo general de la personalidad. (4) Debe fomentar una mejor salud física. (5) Debe ayudar a crear el ambiente familiar correcto para los hijos, que verán a sus padres felices en su relación amorosa. (6) Debe tender a desarrollar el carácter moral y social de la comunidad al contribuir a que disminuyan el número de relaciones extraconyugales y de divorcios. Una comunidad que tiene una vida familiar sólida debe ser capaz de desarrollar una estructura social eficiente. (7) Por último, pero no menos importante, la buena vida sexual entre esposo y esposa debe desarrollar una relación íntima, gozosa, personal y espiritual entre ellos y Dios.

Sin embargo, no se debe suponer que el hacer hincapié en un buen ajuste sexual en el matrimonio garantiza la felicidad conyugal. Todo consejero matrimonial conoce muchos casos en que las parejas tuvieron un buen ajuste sexual pero sus matrimonios se caracterizaron por las peleas, los conflictos, las batallas emocionales, la separación y el divorcio. Para que haya felicidad en el matrimonio, todos los aspectos de la experiencia total de la vida (el espiritual, el mental, el social, el emocional, el moral, el físico y el sexual) deben obrar juntos como una unidad cooperativa. Pero no debemos dejar de entender que en el plan de Dios para la vida matrimonial, el buen ajuste sexual es de una importancia cimera.

Hay quienes hacen esta pregunta: "¿Pueden todas las mujeres lograr orgasmos sexuales en el matrimonio?" La respuesta es "Sí... si cumplen con ciertos requisitos." En realidad, un porcentaje significativo, entre 10 y 12%, no lo logra. No obstante, basado en los resultados de nuestra investigación durante once años, sostenemos que sí es posible que todas las mujeres logren tener orgasmos en su matrimonio; es decir, en el caso de que (1) no tengan un defecto biológico que les impida los orgasmos (lo cual es muy raro), (2) tengan una salud más o menos buena, (3) no tengan un grave problema mental o emocional, (4) tengan una relación matrimonial bastante buena, y (5) apliquen los principios, las actitudes y las técnicas recomendadas en los capítulos 2, 4 y 5 de este libro. Todas las mujeres pueden aprender a expresar su amor sexualmente. Un concienzudo asesoramiento prematrimonial en cuanto al ajuste sexual en el matrimonio es de suma importancia para ayudar a las mujeres a lograr ese elevado ideal.

Otros preguntan: "Si las mujeres pueden lograr orgasmos sexuales en el matrimonio, ¿no significa esto que Dios creó al hombre y a la mujer para que fueran iguales, en cuanto a lo sexual?" Un "sí" parece ser necesario. Aunque son diferentes en la manifestación de sus necesidades sexuales, es bueno que pensemos que el hombre y la mujer son iguales en lo sexual, es decir, iguales en la capacidad e iguales en la satisfacción física y espiritual. Dios creó al hombre y a la mujer "a su imagen". Los creó para que se complementaran el uno al otro. Esto es ser iguales. En 1 Corintios 7:2-5 (véase el capítulo 2), Pablo describe las relaciones sexuales entre el esposo y la esposa. La idea central de este pasaje es que son iguales en cuanto a lo sexual.

En el pasado se creía que el hombre era sexualmente superior. Esta creencia se fundamentaba en el hecho de que el hombre se excita con relativa rapidez, mientras que la mujer lo hace con relativa lentitud. Es falso el razonamiento de que la rapidez o la lentitud en el tiempo de excitación es sinónimo de superioridad o inferioridad sexual. La investigación y los conocimientos modernos en cuanto a la sexualidad han rechazado el concepto antiguo de la superioridad masculina. Nuestra investigación mostró que a los hombres de nuestro grupo de investigación les gustaba tener relaciones sexuales cada 2,7 días y a las mujeres cada 3,2 días, y que 61% de las mujeres deseaban experiencias sexuales tantas veces como su esposo, o con más frecuencia. El hecho de que algunos hombres deseen tener experiencias sexuales más continuas en la primera parte de la vida se contrapesa con el hecho de que algunas mujeres desean tener experiencias sexuales más frecuentes en la edad mediana o después de la menopausia. Así que, las parejas hacen bien en pensar en términos de la igualdad sexual que hay entre el hombre y la mujer. El concepto de que hay una igualdad sexual es de mucha ayuda en el proceso de lograr un buen ajuste sexual en el matrimonio.

La mujer que no logra orgasmos sexuales en su matrimonio se encuentra en una situación desafortunada. En sus experiencias sexuales con su esposo algunas veces se excita un poco, pero nunca se satisface. En secreto, se encuentra decepcionada, pero no lo reconoce. Esperaba mucho del matrimonio en cuanto al sexo — y con razón — pero ha recibido muy poco. Se preocupa por satisfacer las necesidades sexuales de su marido, pero en secreto se pregunta si hay algo malo en ella. A medida que pasan las semanas, los meses y los años, sigue el mismo patrón: se excita un poco pero nunca se satisface. El resultado es que poco a poco se vuelve nerviosa e irritable, el sexo se le hace desagradable y trata de postergarlo lo más posible. Cuando al fin se resigna a tener la relación sexual, ésta es rutinaria, formal y mecánica. Sigue amando a su esposo, pero no la hace feliz el que sea sólo él quien se satisfaga. Esto afecta al esposo, que no se siente satisfecho del todo en su experiencia sexual. A menos que ambos sean creyentes maduros, esto puede llevarlos a un mundo nebuloso de conflictos, frustraciones y escenas emocionales. Los pequeños montículos se pueden convertir en montañas. Habrá conflictos sobre la manera en que se gasta el dinero. La relación con los suegros se volverá problemática. Con el tiempo, la esposa llegará a pensar que es fría sexualmente, se sentirá rechazada y tendrá el temor de que no podrá retener el amor de su esposo. Se volverá celosa y sospechosa. Su esposo se volverá inquieto, indispuesto, impaciente y malhumorado. Si se deja que esta clase de relación esposo-esposa continúe por meses y años, el resultado será trágico.

SI UNA ESPOSA NUNCA HA EXPERIMENTADO UN ORGASMO

Cualquier pareja que haya estado casada entre tres y seis meses y no se ha ajustado sexualmente, debe hacer planes definitivos para lograr el buen ajuste. Todos los consejeros matrimoniales saben de parejas que tuvieron éxito después de un, dos, diez, veinte o más años. Es obvio que estas parejas consiguieron tener éxito porque *se empeñaron* en lograrlo. Por otro lado, los consejeros matrimoniales saben de otros que no han tenido éxito y es obvio que ha sido porque *no se empeñaron* en lograrlo.

Cualquier pareja que no haya logrado el ajuste sexual, debe trazarse un cuidadoso plan en el que juntos se dirijan hacia la victoria. Tanto el esposo como la esposa deberán comenzar de nuevo como si fueran recién casados. Tienen que dejar atrás el pasado y darse mutuamente la oportunidad de proceder sin que haya exigencias ni críticas. Ambos deben estar muy limpios; él debe estar recién afeitado y tener las uñas cortadas y limadas. Todo encuentro sexual deben tenerlo en un lugar acogedor y privado donde no exista la posibilidad de ser interrumpidos. Ambos deben estar descansados y con el menor estrés y tensión posibles. Este esfuerzo comprenderá por lógica dos períodos de tiempo en las que se usarán técnicas progresivas de excitación sexual.

En el primer período, que comprenderá más o menos una semana, el intento sexual será el siguiente: tanto el esposo como la esposa deben quitarse toda la ropa y el esposo deberá utilizar sus manos y dedos para tocar y acariciar el cuerpo de su esposa dondequiera que ella amorosamente lo dirija, mientras que ella sencillamente se relajará y estará consciente del placer obtenido por sus caricias. La esposa deberá evitar cualquier pensamiento de apresuramiento, cualquier sentimiento de que necesita satisfacer a su esposo, cualquier esfuerzo por tener un orgasmo durante este tiempo. Tanto el esposo como la esposa deberán rechazar ideas negativas tales como: "Soy un(a) inepto(a)"; "Soy frío(a)"; "Soy feo(a)"; "Dios me está castigando"; "Mis padres no se ocuparon de mí"; o "La sociedad me ha rechazado." Deberán pensar de manera positiva: "Dios es infinito y bueno"; "El sexo es idea de Dios"; "Tengo cualidades, capacidades y talentos como los demás"; "El sexo es una parte importante de mi vida"; "Debo utilizar todo lo que Dios me ha dado (incluso el sexo) para desarrollar mi personalidad y crecer espiritualmente"; "Somos iguales"; "Nos necesitamos el uno al otro"; y "Debemos satisfacernos mutuamente nuestras necesidades."

La pareja deberá repetir estos momentos de relajamiento sin apresuramiento, por el tiempo que sea necesario para darle placer a la esposa, por lo menos durante una semana. En este período evitarán tocarse uno al otro los genitales. La esposa estará aprendiendo en estos encuentros a disfrutar de las caricias de su esposo, lo que su cuerpo necesita, y que ella sí responde a la estimulación amorosa.

Después de estos encuentros, la esposa estará preparada para recibir más excitación, buscando el máximo placer sexual. Esto debe implicar todo su cuerpo, incluso sus genitales. Los encuentros siguientes, en el segundo período, conllevan las técnicas siguientes: Es probable que la mejor posición para la pareja (descrita en el capítulo 5) sea la de la esposa descansando sobre su espalda en la cama con las rodillas abiertas y separadas, las piernas recogidas hasta cerca de las caderas, y las plantas de los pies descansando sobre el colchón. El esposo deberá estar a su lado derecho, con el brazo izquierdo bajo la cabeza de ella (Cantares 2:3; 8:3). Esta posición le dará al esposo libertad de acción para explorar y estimular creativamente todo su cuerpo. Mientras el esposo le explora el cuerpo, la esposa deberá colocar su mano suavemente sobre la de él, de tal manera que pueda animarlo a moverla en ciertas direcciones, con la presión necesaria para satisfacer sus deseos de "dónde y cómo" en determinado momento o lugar. Esto les permitirá a ambos el aprender la comunicación física precisa sin necesidad de pedirlo verbalmente o dar explicaciones detalladas. La esposa deberá dirigir todo los movimientos de él, y él deberá abstenerse de cualquier idea propia que tenga en cuanto a cómo estimularla. La mayoría de las mujeres parecen lograr mucho más placer con la estimulación que les produce la estimulación con lubricación alrededor del clítoris, de los labios interiores y de la abertura vaginal. Rara vez produce placer la introducción profunda de los dedos en la vagina.

Estos encuentros no deberán ser agitados y la esposa no deberá tratar todavía de obligarse a alcanzar un orgasmo inmediato. Los encuentros deberán extenderse por un período de varias semanas, dos o tres veces por semana. Cada semana la pareja aprenderá un poco más acerca de cómo excitar sexualmente a la esposa. La esposa debe rechazar los sentimientos de miedo o temor; el temor se debe desterrar porque "En el amor no hay temor" (1 Juan 4:18). Debe pensar en términos de aventura, de búsqueda, de exploración, de dar y recibir. La pareja deberá estar satisfecha de aprender un poco más cada vez. A medida que transcurran las semanas, se acercarán cada vez más al éxito, éxito que dependerá tanto de él como de ella. En cualquier momento durante estos encuentros en los que la esposa esté muy excitada sexualmente, ésta debe tratar de seguir aumentando la intensidad de la estimulación utilizando la mano de él o la suya, hasta experimentar un orgasmo. (La naturaleza del orgasmo se explica de forma detallada en el capítulo 5.) La esposa debe sentir completa libertad para estimularse ella misma el área alrededor del clítoris, si es necesario, para inducir sus primeros orgasmos. Su papel en este proceso debe ser activo, no pasivo, y tanto él como ella deben ser persistentes. Ambos deberán estar conscientes del hecho de que esta manera de hacer el amor en el matrimonio está completamente dentro de la voluntad y del plan de Dios, y que esto lo satisface a Él (Génesis 2:24,25; Proverbios 5:18,19; El Cantar de los cantares 2:3; 8:3; 1 Corintios 7:2-5). Después que la esposa consiga tener varios orgasmos de la manera anteriormente descrita, la pareja deberá seguir los procedimientos bosquejados en el capítulo 5 para que la esposa experimente orgasmos en el coito, y satisfaga las necesidades sexuales del esposo.

La confianza en sí mismos, y la confianza y el amor mutuos son importantes. Por supuesto, la pareja deberá hacer de esto un motivo de oración. Debemos recordar que el sexo se originó en la mente infinita de Dios, que es creación de Dios, y que el plan de Dios es que el sexo sea muy importante en toda nuestra vida. La experiencia sexual mutua en el matrimonio es el punto focal de la expresión amorosa entre los esposos. Contribuye a aliviar la ansiedad, a disminuir los sentimientos de culpa y a evitar la formación de conflictos, tensiones y hostilidades. Además, sirve para acrecentar y fortalecer el amor y el cariño. Sin duda alguna, el sexo es una experiencia que da estabilidad interior y seguridad.

La expresión sexual en el matrimonio expresa la personalidad total a su nivel más elevado y profundo. Hace posible que haya ternura y comprensión, comunión y comunicación entre los esposos, algo que no se puede expresar con palabras. Mediante la experiencia sexual de ser una sola carne en el matrimonio, lo espiritual y lo físico se unen en su más elevada y más placentera relación. El esposo y la esposa se funden de manera sublime en una completa unidad e identidad a través de su experiencia de ser una sola carne. En realidad, el sexo es el siervo del matrimonio y del cristianismo.

Capítulo 8

Expectativas sexuales en el matrimonio

La actual revolución sexual, dirigida por conceptos viciados y deficientes ha fomentado muchas falsedades con respecto a la sexualidad. Esto está envenenando la moral y las facultades espirituales de hombres y mujeres. Como resultado, durante el cortejo y el noviazgo, muchas parejas tal vez miren el futuro y sueñen con expectativas sexuales poco realistas. Puede ser que algunas parejas jóvenes que piensan casarse hayan leído los capítulos anteriores con interés, pero todavía tengan muchas actitudes e ideas falsas aprendidas en la niñez y la juventud. Estas exageradas fantasías tienen que ser puestas al descubierto.

Es normal que una pareja de enamorados piensen con emoción en su primera experiencia sexual en el matrimonio. Pero necesitan entender que la experiencia inicial por lo general se queda corta en cuanto a las expectativas. Es muchas veces una experiencia en la que falta el equilibrio, en la que la joven se entrega alegremente pero con temor, y el joven satisface su propia necesidad con torpeza y apresuramiento. Ambos pueden quedar decepcionados y sospechar, cada uno por su lado, que hay algo que no funciona bien en ellos. En realidad no es así, sino que han respondido a expectativas poco realistas fomentadas por la revolución sexual humanística de nuestra cultura. Las parejas necesitan entender que el tener un buen ajuste sexual en el matrimonio es algo que puede tomar algunos días, y aun semanas y meses.

Algunos jóvenes demasiado confiados llegan al matrimonio creyendo que el sexo es el aspecto del matrimonio donde jamás tendrán problemas, y razonan de la manera siguiente: "Simplemente dejaremos que el instinto física siga su curso." Los animales actúan sexualmente al nivel del instinto físico, pero las personas creadas a la imagen de Dios son más que animales. Sí, somos seres físicos, pero tenemos algo más: Somos personas conscientes, pensantes, con capacidad de creer, de planificar y de decidir. El ajuste sexual en el matrimonio implica un proceso bastante complejo que tiene que ser aprendido. Están involucrados tanto el hombre total como la mujer total, y es esencial tener cierto asesoramiento prematrimonial. También es necesario dedicarle tiempo y tener cierta experiencia en el matrimonio. A menudo la actitud de excesiva confianza que declara que el sexo no será un problema, puede ser simplemente una manera de ocultar la inseguridad emocional, la falta de amor propio y el temor al fracaso.

En el pasado prevalecía el concepto generalizado de que el sexo era una prerrogativa masculina. Las mujeres debían someterse de forma pasiva. Ya que el hombre es a menudo admirado por su ego y por su fuerte libido, comparte este enfoque mucho más de lo que normalmente está dispuesto a reconocer. Él todavía espera que el sexo sea su prerrogativa. Pero existen muchísimas pruebas científicas que comprueben que Dios creó a la mujer con necesidades sexuales bien definidas. Pablo escribió: "El marido cumpla con la mujer el deber conyugal, y asimismo la mujer con el marido" (1 Corintios 7:3). Así que los esposos, *ambos*, tienen necesidades sexuales y derechos específicos. El plan divino es que satisfagan mutuamente sus necesidades y que haya respeto recíproco de sus derechos. La idea de que el sexo es prerrogativa masculina es una idea impía y pagana.

Las diferencias sexuales entre el hombre y la mujer pueden ser una fuente de expectativas poco realistas. Muchos hombres jóvenes llegan al matrimonio esperando que su esposa le responda sexualmente de acuerdo con las necesidades y los patrones de respuesta de él. No están conscientes de la necesidad de galanteo que tiene la esposa en las horas previas a las relación sexual. (Hablaremos de este problema fundamental en el capítulo 11.) De la misma manera, la joven novia muchas veces no está consciente de la verdadera naturaleza de las necesidades sexuales de su esposo. Había esperado con ansias su vida sexual en el matrimonio, pero a menudo no está preparada para responder a la frecuencia regular de las necesidades de él. Si él la busca cada día, o cada dos días, ella puede pensar íntimamente: "No esperaba que fuera la bestia que es." Su problema es que ella esperaba que él tuviera el mismo nivel de respuesta que ella. Las esposas necesitan entender que la frecuencia de las necesidades sexuales de su esposo no constituye necesariamente egoísmo o lujuria carnal, sino más bien un necesidad creada por Dios. Tanto el esposo como la esposa deben estudiar y entender las necesidades sexuales del otro, y satisfacer amorosamente esas necesidades.

Algunos jóvenes entusiastas, anhelosos de sexo, se casan con la expectativa de que el sexo lo será todo en el matrimonio, lo único de valor e importancia. Esta es una creencia falsa y peligrosa. El matrimonio cristiano *es* primero que nada, finalmente y siempre una relación sexual. *Pero el sexo es sólo un aspecto de la totalidad de la vida matrimonial.* El sexo coopera con, fortalece y sazona todas los otros aspectos del matrimonio, incluyendo lo espiritual, lo moral, lo social, lo económico, lo creativo, lo intelectual y lo estético.

La mayoría de los hombres jóvenes llegan al matrimonio con la expectativa de que el sexo será algo automático, fijo y repetido siempre. Por lo tanto, no se encuentran preparados para cuando, en algunas ocasiones, tienen un problema de impotencia (incapacidad para tener o mantener una erección del pene). El amor propio del hombre parece estar estrechamente ligado a su capacidad para funcionar sexualmente. La mayoría de los hombres experimentan la impotencia en algún momento de su vida y esto es devastador para su ego y su amor propio. La primera vez que un hombre experimenta la impotencia, se pone ansioso, y si le ocurre dos veces seguidas se llena de pánico. En algunos casos, la causa puede ser biológica, pero en la mayoría de ellos se debe a problemas emocionales y mentales que se mezclan con la relación conyugal en su situación matrimonial específica. El desempeño sexual comprende estímulos físicos y mentales que involucran pensamientos, miradas, caricias, etc. Los estados mentales como el enojo, el resentimiento, la ansiedad y el temor, bloquean e impiden la excitación sexual tanto en los hombres como en las mujeres. Sin lugar a dudas, tales estados mentales harán que el hombre pierda su erección. El estímulo que necesita el órgano sexual masculino (o femenino) se encuentra en el cerebro. Muchas parejas hacen demasiado hincapié en el aspecto genital del sexo y no el suficiente hincapié en otros factores. Se centran en que cada uno haga bien su parte antes que en el puro disfrute.

Las parejas necesitan entender que la sexualidad es una parte de nuestra estructura física-mental y no desaparece de manera misteriosa sin una causa. La mayoría de las parejas pueden manejar el problema de la impotencia teniendo calma y paciencia, y enfrentando la realidad tras identificar y comprender el trastorno mental y emocional que la causa. Cuando cambia el estado mental-emocional y transcurre un poco de tiempo, volverán la confianza en sí mismo y la capacidad para funcionar sexualmente. Si la impotencia persiste, la pareja debe ver a un médico o a un consejero matrimonial.[1]

Muchas veces la literatura romántica y los medios de comunicación dan por sentado que el sexo es mejor en los primeros años de matrimonio, y que a medida que pasan los años la vida sexual declina, volviéndose rutinaria y menos excitante. Un joven dichoso en su segundo año de matrimonio me preguntó si él y su esposa podían esperar que el sexo continuara hasta los cincuenta o quizás los sesenta años de edad. Se sorprendió cuando le dije que el sexo podía continuar más allá de los ochenta. El preguntar por cuánto tiempo pueden las parejas esperar que continúe su vida sexual es semejante a preguntar: "¿Cuánto tiempo podemos esperar que nos funcionen los pulmones y el aparato digestivo?" El sistema sexual es una parte integral del sistema total del cuerpo y es esencial para la integridad del sistema. Cuando los esposos siguen principios fundamentales con respecto a la salud (física, mental y espiritual), su vida sexual continuará siendo placentera. Pero si violan los principios fundamentales con respecto a la salud, el sexo puede ser la primera función vital que se deteriore. Por supuesto que a medida que la vida avanza, la frecuencia de las experiencias sexuales declina. No obstante, muchas parejas de sesenta años y más, insisten en que su vida sexual sigue siendo la misma o mejor que la de sus primeros días de matrimonio.

El problema con las expectativas reales e irreales con respecto al sexo en el matrimonio no es que los jóvenes lleguen esperando demasiado de su vida sexual, sino más bien que esperan resultados equivocados. La satisfacción de las relaciones sexuales en el matrimonio cristiano maduro aventaja con creces cualquier cosa que se puede concebir antes del matrimonio. Las relaciones sexuales de los esposos ayudan a producir un sentimiento de unidad entre ellos. El sexo nutre el crecimiento del amor. El sexo es recreativo. Es a la vez sagrado y divertido. Ayuda a la pareja a olvidar los problemas del

---

1 Recomiendo a las parejas con problemas de impotencia que lean el capítulo 8 del libro *Intended for Pleasure* [Destinados al placer] de Ed Wheat, M.D. y Gaye Wheat (Fleming H. Revell Publishers, Old Tappan, Nueva Jersey), 1977.

día. El sexo dentro del matrimonio es más que un acto físico. Lo es, pero es más aún. Enriquece los aspectos emocional y espiritual de la personalidad. Ayuda a reducir la tensión nerviosa al final de un atareado día de trabajo. Nos ayuda a relajarnos y a lograr el sueño que refresca y renueva todo el ser. Las relaciones sexuales colman la necesidad de intimidad que toda persona normal anhela; fortalece la personalidad. Una experiencia sexual satisfactoria robustece los sentimientos de amor propio y de confianza en sí mismo, tanto del esposo como de la esposa.

Capítulo 9

El problema de las relaciones extraconyugales

En un buen matrimonio, los esposos mantendrán sus prioridades en el orden correcto: Dios, su voluntad y su Palabra, en primer lugar; el esposo y la esposa, en el segundo; los hijos en tercer lugar, los padres en cuarto lugar; otras personas en el quinto, y los animales y las cosas en último lugar. Cuando las parejas buscan relaciones extraconyugales, sus prioridades se encuentran fuera de orden y algo hermoso, algo precioso, algo espiritual se ha perdido. ¿Por qué cede una pareja a las relaciones extraconyugales?

CAUSAS DE LAS RELACIONES EXTRACONYUGALES

Juan y Rosa se casaron tan pronto terminaron sus estudios. Tuvieron dos hijos. La madre de Rosa le había enseñado a ser una buena madre para con sus hijos. Cada vez que uno de los niños lloraba, Rosa tomaba al niño y lo sostenía en sus brazos. Se descuidaba a sí misma, descuidaba a su esposo y su hogar por sus hijos. Juan se cocinaba sus comidas, lavaba sus camisas y dormía en una habitación separada. Después que Rosa se enteró de que Juan tenía una relación con una mujer atractiva en su trabajo, llamó llorando a una amiga y le pidió que viniera. Cuando ésta llegó, encontró a Rosa sentada en medio de la sala con uno de los niños en sus brazos mientras el otro gritaba para que lo cargara. La casa, los niños y Rosa estaban desordenados y sucios. Ya no era más la reina de belleza de la universidad con quien Juan se había casado. ¿Qué había ocurrido? Había invertido sus prioridades. Había puesto a sus hijos primero y había descuidado irresponsablemente a su esposo. La relación extraconyugal de Juan era deplorable, pero la verdad fue que "ella lanzó a su esposo a los brazos de otra mujer". Cuando las prioridades no están en orden, la adversidad y el desastre están al acecho.

Algunas veces un esposo puede negarse a lavarse, bañarse o a cambiarse de ropa. La vida sexual normal de una esposa se anula cuando su esposo parece un minero de carbón sucio o huele como una fábrica de pegamento. En una vida sexual feliz, el aseo personal es sumamente importante. O tal vez la esposa aumente diez, veinte o treinta kilos de peso. En lugar de ser la encantadora novia del joven esposo, ya se ha vuelto fea. La atracción romántica depende mucho de lo uno ve, especialmente en el caso de los hombres. Cuando el esposo o la esposa descuida siempre su apariencia personal, una posible relación extraconyugal se convierte en una verdadera posibilidad.

Miles de esposas trabajan fuera del hogar en el aula, la oficina o la fábrica. Su trabajo muchas veces implica el relacionarse con hombres como jefes o compañeros de trabajo. Una mujer bien vestida; el sentimiento de que no es amado en el hogar; el surgimiento de relaciones agradables y de amistades en el trabajo; algunas necesidades sexuales apremiantes combinadas con una tentadora oportunidad, son todas circunstancias que pueden llevar con rapidez a una aventura extraconyugal a menos que todo esté controlado por una vida cristiana consagrada.

Daniel y Julia, casados durante veinte años, tenían hijos adolescentes en la escuela secundaria y vivían en una pequeña finca en las afueras del pueblo. Daniel trabajaba en un almacén, era propietario de dos estaciones de gasolina a las que atendía, y hacía además trabajos de agricultura. Gobernaba a Julia y a los muchachos con una disciplina de tipo militar, a la vez que hacía hincapié en el trabajo, la frugalidad, la propiedad, el dinero y las cosas. No importaba lo bien que hicieran su trabajo, siempre les decía que podían haberlo hecho mejor. Atributos como la bondad, la gentileza, el reconocimiento y el amor no tenían parte en su vida. Era frío, firme y obstinado. Hambrienta de aceptación y de amor, Julia le preguntó si podía ir a trabajar en una oficina en el centro de la ciudad. Daniel estuvo de acuerdo, si con eso traía dinero. En poco tiempo la indefensa Julia respondió al afecto de un empleado de la oficina y la consecuencia fue una relación extraconyugal. La aventura amorosa de Julia es deplorable, pero la verdad es que por su despotismo y codicia, "Daniel la lanzó a los brazos de otro hombre."

Por causa de diversas experiencias desagradables durante la niñez, algunas personas llegan a la adultez y se casan teniendo un confuso estado de inseguridad emocional y de inestabilidad. Les falta confianza en sí mismos y amor propio. Piensan que nadie los quiere y se sienten rechazados. A menudo son consumidos por los temores y la ansiedad. La falta de amor propio hace que sea muy difícil un ajuste sexual satisfactorio en el matrimonio. Por tanto, buscando seguridad y felicidad sexual, algunos pueden tener una aventura extraconyugal para demostrar su condición sexual normal y reforzar su ego debilitado.

Los deseos sexuales y las necesidades de ambos esposos están entremezclados con sus relaciones familiares diarias. Cuando esas relaciones declinan, se vuelven rutinarias, o se avinagran por el autoritarismo, el egoísmo o la apatía, surgen entonces los desacuerdos, las tensiones, los conflictos y las hostilidades. Ya que las necesidades sexuales por lo general no se satisfacen en medio de esas batallas emocionales, una manera de satisfacer esas necesidades y vengarse del cónyuge en teniendo una aventura extraconyugal.

Todos estamos familiarizados con el hecho de que muchos programas de televisión popularizan la infidelidad, y dejan a los espectadores con la idea de que una relación extraconyugal es excitante, atractiva y normal, más satisfactoria que el sexo en el matrimonio. Esos programas parecen decir: "Todo el mundo lo hace." Algunas personas que encuentran excitantes los pecados sexuales de los artistas de cine o de televisión, comienzan a fantasear, a hacer planes y a querer experimentar la misma emoción. A esto sigue una aventura extraconyugal. Sí, los medios de comunicación influyen en algunas personas para que tengan aventuras extramatrimoniales de la misma manera que influyen en las personas para que compren un determinado producto o voten por un candidato.

SEÑALES DE PELIGRO

Puesto que hay demasiadas situaciones sociales que pueden llevar a la infidelidad sexual, las parejas deben reconocer claramente las señales de peligro para poder detenerse antes que los problemas sexuales lleguen a una etapa crítica. Después de casados, algunas parejas tienden a dar por sentado que no hace falta preocuparse por el otro. Cada uno puede pensar que no hay peligro de perder al otro. Pero una vida conyugal que ha sido estimulante puede poco a poco caer en la rutina, el aburrimiento y la superficialidad. Sumidos en una situación económica donde están gastando demasiado, enviciados por la televisión o absorbidos por los compromisos sociales, un matrimonio se puede convertir en un cascarón vacío. Los matrimonios que dan por sentado que "no hace falta preocuparse por el otro" generan relaciones extramatrimoniales.

Hay también peligro cuando las parejas rara vez desempeñan actividades juntos. Tal vez tengan metas separadas para la vida, trabajen en lugares distintos, tengan una vida social separada y hasta tomen vacaciones separadas. Una buena pregunta para cada pareja es: "¿Cuánto tiempo pasaron juntos la semana pasada con el propósito de disfrutar de amor y compañerismo?" Tarde o temprano, "el no pasar tiempo juntos" puede echar las bases de una relación extraconyugal.

Cuando la vida normal de un matrimonio implica peleas todo el tiempo por nimiedades que tienen que ver con el dinero, los parientes políticos, el cuidado de los hijos y la vida social, la vida sexual declina de manera gradual. El hábito de discutir es una luz roja de advertencia. Si se sigue por ese camino, más adelante acecha la infidelidad.

Es bueno y normal que un esposo o una esposa disfruten del compañerismo agradable y afectuoso de personas de ambos sexos, fuera de su matrimonio. Pero esas relaciones requieren una actitud discreta y precavida, una motivación correcta y una conducta aceptable dentro del amor cristiano. ¿Es en realidad bueno que un esposo y su secretaria almuercen regularmente solos? ¿Es prudente que un esposo o una esposa vaya sin su cónyuge a una reunión social para divertirse entusiastamente acompañado de alguien del sexo opuesto? ¿Cómo reacciona normalmente un esposo o una esposa ante una situación así?

Dos matrimonios cristianos que sean amigos íntimos deben evitar situaciones en las que el esposo de un matrimonio y la esposa del otro estén a veces o de manera regular juntos a solas, aunque se trate de circunstancias de la vida normal diaria, tal como regresar juntos del trabajo en el mismo automóvil. Muchos esposos y esposas cristianos tienden a subestimar la fuerza y el apremio del apetito sexual y a sobrestimar su capacidad de controlarse. Esa falsa confianza puede flaquear y ceder gradualmente a relaciones íntimas por la presión de la tentación siempre presente. En algún momento una ocasión favorable y oportuna puede terminar en una relación extraconyugal. Es peligroso que los creyentes jugueteen con las presiones y el apremio del apetito sexual que nos concedió el Creador, apetito que es estimulado y aplaudido por la cultura erótica en la que vivimos.

Muchos veces el esposo no le expresa aprecio y amor a su esposa sino cuando está interesado en el sexo. Son muchas las esposas que dicen: "Nunca me dice que me ama a menos que estemos en la cama". Quizás este sea la queja número uno de las esposas en contra de su esposo. ¡Qué vergüenza, esposos, qué vergüenza! Por otra parte, muchas veces la esposa se niega a tener relaciones sexuales con su esposo como una manera de controlarlo o castigarlo. Es como decirle: "Si haces esto y esto, entonces sí." Eso es chantaje, no amor. Quizás esta sea la queja número uno de los esposos en contra de su esposa. ¡Qué vergüenza, esposas, qué vergüenza! Esposos y esposas, estas críticas son señales de peligro. Son gritos desde lo más profundo del corazón que revelan necesidades insatisfechas de plenitud sexual y de satisfacción en el matrimonio.

Una última señal de peligro es cuando el esposo o la esposa, o ambos, se dejan arrastrar por fantasías e ilusiones en cuanto a relaciones sexuales con otra persona. El imaginarse teniendo relaciones sexuales con otra persona que no sea el esposo o la esposa, es una violación de las palabras de Jesús en Mateo 5:28. Por lo general, antes de cada aventura extramatrimonial hay un largo período de recóndita infidelidad. Las fantasías sexuales donde figuran el esposo o la esposa son normales y buenas, pero cuando figura alguien más es una señal grave de peligro.

Estas y otras sutiles situaciones sociales son más que sencillas señales de peligro. Son luces rojas centelleantes. Son circunstancias poderosas que pudieran con facilidad llevar a que se violen los sagrados votos del matrimonio. Son situaciones que pudieran hacer que creyentes inteligentes y comprometidos escuchen a Dios tronar desde el Monte Sinaí diciéndoles: "No cometerás adulterio."

¿QUE HACER DESPUES DE TENER UNA RELACION EXTRACONYUGAL?

Las personas culpables de una relación extramatrimonial saben que la Biblia, con un lenguaje severo, llama "adulterio" a este tipo de relación (Éxodo 20:14; Deuteronomio 5:18). A veces, cuando una persona es culpable de una relación extraconyugal, no muestra contrición ni arrepentimiento, sino una defensa propia irracional y un orgullo obstinado, y aun así espera y exige perdón y aceptación por parte de la iglesia y de la comunidad. ¿No enseñan las Escrituras que si no hay contrición y arrepentimiento, Dios no olvida el pecado? (Apocalipsis 18:4,5)

No obstante, este no es el momento ni el lugar para hacer acusaciones. En las Escrituras, la gracia y la misericordia de Dios son centrales. Una relación extramatrimonial es pecado, pero no es un pecado imperdonable. Es sólo uno de muchos pecados. ¿Cómo se puede recibir perdón por haber tenido una relación extramatrimonial? ¿Cómo recibe perdón un creyente por cualquier pecado? En humilde contrición por haber violado la voluntad de Dios, debe humillarse y arrepentirse y pedirle al Señor que lo perdone. El arrepentimiento involucra la contrición, un sincero cambio de mente y corazón en cuanto al pecado, un abandono del mismo, un cambio de conducta, y el pedir perdón a Dios. El perdón de Dios es instantáneo y completo (Isaías 1:18; Miqueas 7:19; Salmo 103:12). Cuando Dios perdona a una persona por una relación extramatrimonial, a sus ojos es como si esa relación nunca hubiera existido. Por lo tanto, esa persona debe aceptar el perdón de Dios. Ya que Dios la ha perdonado, se debe perdonar a sí misma. Luego el cónyuge, los familiares, los amigos, la iglesia y la comunidad deben perdonar y proceder como si nada hubiera ocurrido.

Después de una aventura extraconyugal, aunque haya una contrición genuina y humilde, acompañada de arrepentimiento, el cónyuge que ha sido engañado desarrolla a veces, una actitud fea de resentimiento, autocompasión, desprecio a sí mismo, amargura, odio y venganza, lo cual es muy comprensible. Es dudoso que cuando ocurre una aventura extraconyugal uno de los cónyuges tenga toda la culpa o sea inocente del todo. Para salvar el matrimonio, la parte herida debe buscar el perdón de Dios por su espíritu rencoroso y orar pidiendo dirección y fortaleza para vencer la desconfianza y aceptar al cónyuge como si esa relación extramarital jamás hubiera ocurrido. Esto nunca es fácil, pero es la actitud cristiana.

La idea de que la víctima de la infidelidad debe, como creyente, buscar el divorcio, es antibíblica por completo. *Los creyentes deben buscar* un justo balance entre la realidad del pecado por causa de la debilidad de la carne *y la realidad de la gracia y misericordia de Dios.* "Pero la ley se introdujo para que el pecado abundase; mas cuando el pecado abundó, sobreabundó la gracia" (Romanos 5:20).

El señorío de Cristo es el alfa y la omega para la solución de los problemas sexuales. Seguir a Cristo en lugar de seguir a la cultura significa fomentar la estabilidad matrimonial y la felicidad sexual.

Capítulo 10

El sexo oral-genital en el matrimonio

Desde que fue publicada hace quince años, en inglés, la primera edición de este libro, he recibido más de cien cartas de lectores de todo Estados Unidos, y algunas cartas de Canadá y Europa, que me hacían preguntas acerca del sexo en el matrimonio. Aproximadamente la mitad de esas cartas eran de cristianos practicantes que querían saber si el contacto oral-genital en el matrimonio era una violación de las enseñanzas cristianas. La mayoría de todas las parejas que vienen a mi oficina en busca de asesoramiento matrimonial me hacen preguntas sobre el sexo oral y la moral cristiana.

¿Qué se entiende por sexo oral-genital? Tim y Beverly LaHaye lo describen de la manera siguiente:

> Hay dos palabras que se utilizan para describir el sexo oral. En la *felación* la mujer recibe en la boca el pene masculino para estimular el glande con los labios y la lengua; *cunnilingus* es el acto en que el hombre estimula a la mujer con la boca en la zona de la vulva, por lo general con la lengua en el clítoris. Ambas formas de sexo oral pueden producir un orgasmo si se aplican por un tiempo prolongado.[1]

¿Es el contacto oral-genital entre esposo y esposa una violación de las enseñanzas cristianas? La mejor respuesta es quizás tanto un "sí" como un "no". Esta respuesta se ilustra en las dos cartas que siguen a continuación.

---

1 Tim y Beverly LaHaye, *The Act of Marriage* [El acto matrimonial] (Grand Rapids, Michigan: Zondervan Publishing House, 1976), p. 275

Estimado doctor Miles:

He leído su libro *La plenitud sexual en el matrimonio* y lo encuentro excelente. Estoy de acuerdo con usted y disfruté leyéndolo, aunque estoy profundamente decepcionada. Pues, mi esposo y yo tenemos un grave problema sexual. Tenía la esperanza de que su libro nos diera alguna ayuda. Nuestro problema es el sexo oral y usted no lo mencionó en su libro.

Envió dos páginas escritas a máquina a un espacio expresando los detalles vergonzosos de su problema. Dicho en pocas palabras, decía que habían estado casados por más de doce años; que su esposo se había negado a tener relaciones sexuales y que le había exigido sexo oral, felación y cunnilingus. Ella había aborrecido y detestado ambas cosas desde el principio, pero él insistía siempre que lo llevara al orgasmo mediante la estimulación oral. Ella había estado en contra de esto todo el tiempo, y hubo muchas escenas emocionales. Por último, se divorció de él después de once años de casados. Pocos meses después acordaron casarse de nuevo con la esperanza de que las cosas funcionarían, pero todo siguió igual. Finalizó su carta pidiéndome que la aconsejara por carta.

Al otro extremo, recibí la siguiente carta de un esposo que estaba de acuerdo con el sexo oral en el matrimonio cristiano.

Estimado doctor Miles:

Disfruté con la lectura de su libro *La plenitud sexual en el matrimonio*. Mi esposa y yo hemos estado casados por veinte años y hace seis años nos convertimos al evangelio.

Usted omitió un tema por completo, el sexo oral. ¿Cuál es su punto de vista en cuanto a esto, a la luz de la vida cristiana? Algunos líderes cristianos lo aprueban, pero la mayoría de ellos parecen desaprobarlo, calificando de perversión el sexo oral.

Mi punto de vista personal es que donde se puedan usar los dedos, también se pueden usar la lengua y los labios. Por supuesto que la higiene es indispensable.

Si está bien besarle a su esposa los labios, los pezones y

el cuerpo, ¿por qué no sus órganos sexuales (clítoris y labios menores)? De lo contrario estamos relegando los órganos sexuales a una categoría de "sucios" en comparación con el resto del cuerpo, pero *todo* nuestro cuerpo está hecho de una manera maravillosa y perfecta.

Además, la estimulación del clítoris de forma oral es mucho más suave que con los dedos, y no hay problemas de lubricación. Además, si la esposa utiliza su boca para llevar a su esposo hasta el clímax, es mucho más emocionante que si lo hiciera con la mano.

No quiero decir que se use el sexo oral para reemplazar al sexo genital, sino que se use en lugar de la mano y de los dedos durante el juego amoroso y en otras ocasiones cuando la relación sexual genital no sea posible.

Le ruego me deje saber su opinión acerca de este asunto y sus razones para ello.

¿Por qué se omitió la consideración del sexo oral en mi primera edición? El manuscrito original se escribió entre los años 1964 y 1965 y se publicó en marzo de 1967. Hasta entonces ninguna casa editorial evangélica había publicado un libro con detalles y técnicas necesarias para un buen ajuste sexual dentro del matrimonio. Para dar una idea de la cautela de las casas editoriales evangélicas de entonces, mi manuscrito original fue rechazado cuatro veces por editoriales evangélicas, dos veces por la misma editorial. La consideración del sexo oral-genital fue omitida en el libro porque habría comprometido la posible publicación y, además, porque el sexo oral no es necesario para el buen ajuste sexual dentro del matrimonio.

Mientras tanto, han sucedido dos cosas. En primer lugar, los cristianos evangélicos se han vuelto conscientes de la necesidad de entender los aspectos espirituales y emocionales del sexo en el matrimonio. En segundo lugar, se hizo necesario que los escritores evangélicos, los consejeros y los editores escribieran y publicaran información cristiana concluyente con respecto al sexo oral. ¿Por qué razón? Para ayudar a miles de creyentes sinceros que se encontraban confundidos y frustrados por el bombardeo de información errónea y exageración que fluye a través de las compuertas del sexismo cultural, estimulado por intereses creados y por la gratificación egoísta.

Por lo tanto, en la última década los evangélicos han respondido a la pregunta: "¿Es aceptable el sexo oral en el matrimonio cristiano?" con una doble respuesta: Sí y no. La señora Shirley Rice, consejera matrimonial al servicio de la Iglesia del Tabernáculo, de Norfolk, Virginia, al considerar las técnicas en las relaciones sexuales los esposos, apunta:

> No hay ninguna parte del cuerpo que no se pueda usar; se pueden usar los labios, la lengua o las manos. Cualquier cosa es permitida en tanto que no ofenda a la otra parte y permita el placer y la satisfacción mutuos. Cada uno debe abstenerse de hacer cualquier cosa que sea ofensiva para la otra parte, aunque muchas inhibiciones desaparecerían con la conciencia de que esta forma de hacer el amor entre el esposo y la esposa es algo santo y agradable a Dios.[1]

Ed Wheat, doctor en medicina, y Gaye Wheat, al considerar este asunto dicen:

> El sexo oral (con la boca en los genitales) es un asunto que sólo les concierne al esposo y a la esposa. Si ambos lo disfrutan y lo encuentran agradable, entonces se puede considerar conveniente como práctica amatoria. Sin embargo, si cualquiera de las partes tiene reservas en cuanto a esto, le añadirá poco placer a la relación y debe dejar de practicarse.[2]

Los esposos LaHaye, al considerar el sexo oral, señalan en sus investigaciones:

> De los médicos cristianos encuestados, 73% consideraron que era aceptable para la pareja cristiana siempre y cuan-

---

1 Shirley Rice, *Physical Unity in Marriage: A Woman's View* [La unidad física en el matrimonio, desde el punto de vista de una mujer] (publicado por Tabernacle Church of Norfolk, 7120 Granby St., Norfolk, Virginia 23505, 1973), p. 15.

2 Ed y Gaye Wheat, *Intended For Pleasure* [Destinados al placer] (Old Tappan, New Jersey: Fleming H. Revell Company, 1977), p. 76.

do ambos lo disfrutaran; 27% no lo aprobaron. Para nuestra sorpresa, 77% de los pastores consideraron que era aceptable, mientras que 23% no...[1]

Los medios masivos de comunicación dan a entender a menudo que el sexo oral es una invención reciente. Podemos suponer que lo más probable es que sea tan antiguo como la raza humana y que ha sido practicado en cierto grado por judíos y cristianos desde los tiempos bíblicos. En una carta se me acusó de "puritano" por haber omitido el sexo oral de mis escritos. La filosofía humanística de nuestra cultura crea un estereotipo de los puritanos como ascéticos mojigatos, reprimidos sexuales y hambrientos sexuales. En realidad, los escritos y la poesía de los puritanos exaltan el amor romántico y la intimidad sexual en el matrimonio monógamo. Fueron exactamente lo opuesto de lo que el sexismo secular de hoy día supone que fueron.[2] Las parejas cristianas no deben dejarse intimidar por el hecho de que nuestra cultura secular clasifica a los creyentes como personas que piensan que el sexo es malo. Ni los judíos ni los primeros cristianos fueron ascéticos.

Al responder a las parejas que me preguntan en las conferencias o por carta si es apropiado el sexo oral en el matrimonio cristiano, por lo general les digo que cuando la Biblia calla en un asunto, debemos guiarnos por los principios cristianos fundamentales. El sexo oral es pecaminoso cuando el esposo o la esposa obliga a la otra parte en contra de su voluntad y cuando sustituye de manera regular la relación sexual genital. Por otra parte, el sexo oral puede ser apropiado dentro del matrimonio cristiano cuando (1) se emplea de manera ocasional como una variante dentro del juego amoroso que eleva la excitación antes de que comience la relación sexual genital, (2) cuando hay una limpieza inmaculada del cuerpo y los genitales, (3) cuando es mutuamente agradable a ambos, y (4) cuando el disfrute físico y emocional es pleno para ambos.

Sin embargo, las parejas deben comprender que el sexo oral puede convertirse fácilmente en un hábito. Además, definitivamente limita

---

1 La Haye, *The Act of Marriage* [El acto matrimonial], p. 276.
2 Si esto sorprende a alguien, debe leer la historia teológica de los puritanos, o el artículo "The Puritans and Sex" [Los puritanos y el sexo], de la revista *Christianity Today* [Cristianismo hoy], 7 de abril de 1978, pp. 13-18.

la comunicación verbal amorosa que los esposos pueden tener durante la relación.

Muchas parejas preguntan si el sexo oral no es una forma de homosexualidad. La respuesta es no. *Homo* se refiere a la actividad sexual entre miembros del mismo sexo: hombre con hombre, mujer con mujer. Aunque los homosexuales practican el sexo oral, eso solo no invalida que lo practiquen los esposos cristianos. Esta línea de razonamiento sería como considerar inaceptables las relaciones entre los esposos porque algunas personas practican la fornicación y el adulterio.

Algunas parejas cristianas modernas, en su excitación al expresarse su amor mutuo, muchas veces se acarician y besan espontáneamente todo el cuerpo, incluso los genitales, y de esta manera esto se vuelve parte del juego amoroso sin que haya sido planificado con anterioridad, pero ambos participan y lo disfrutan. Las parejas que deseen experimentar con esto, pero tienen todavía algunas reservas en cuanto al sexo oral, harían bien en leer con mucha atención los versículos bíblicos en cuanto al sexo, que aparecen en el capítulo 2 de este libro.

El sexo oral nunca se debe considerar como superior a la relación sexual genital, y nunca debe sustituir de manera regular la relación sexual genital. Si unos esposos se encuentran insatisfechos con su vida sexual, podemos asegurarles que la iniciación del sexo oral no resolverá sus problemas. Lo que deben hacer es buscar la ayuda de un consejero matrimonial cristiano que sea competente.

Capítulo 11

Cómo mantener frescos e interesantes el matrimonio y el sexo

La felicidad en el matrimonio entraña muchas cosas. Tres de las más fundamentales son: la dedicación cristiana, la promesa de ser fieles y la exclusividad sexual. Otros requisitos necesarios son: entender el propósito bíblico y la naturaleza biológica del sexo, entender la necesidad del galanteo y pasar tiempo juntos con el propósito de comunicarse y tener compañerismo.

ACTITUDES CRISTIANAS POSITIVAS HACIA EL SEXO

Cuando los casados tienen un entendimiento claro del propósito y de la naturaleza del sexo como lo planificó nuestro Dios Creador, se pueden eliminar muchos problemas sexuales. Como hemos afirmado, la Biblia nos dice que el sexo es idea de Dios. Él nos creó, varón y hembra, a su imagen. "Imagen" significa que somos como Dios, excepto que Dios es espíritu y es infinito, mientras que nosotros somos espíritu cubierto de carne, y finitos. La parte de carne creada por Dios incluye nuestro sistema sexual. En el plan de Dios, el sexo se debe practicar sólo dentro del matrimonio (Génesis 4:1, La Biblia al día; Éxodo 20:14). Es para la procreación (Génesis 1:28). Es para el placer unitivo dentro del matrimonio (Génesis 2:24; Proverbios 5:18-19; 1 Corintios 7:3-5). Es para glorificar a Dios (1 Corintios 6:20).

En tanto que la Biblia nos revela los *propósitos* del sexo, las ciencias biológicas nos revelan la *naturaleza* del sexo tal como Dios lo creó en el hombre y en la mujer. Los testículos masculinos producen todo el tiempo espermatozoides que se guardan en el epidídimo (un reservorio externo) y en las vesículas seminales (un reservorio interno). Cuando estos reservorios se encuentran llenos de células espermáticas maduras, el hombre se excita sexualmente de forma rápida y los espermatozoides deben ser eyaculados. En el plan de Dios, esta necesidad es para, y se satisface mediante, la relación sexual dentro del matrimonio. El esposo no debe sentirse culpable en cuanto a este proceso continuo, y la esposa debe entender la naturaleza del hombre, creada por Dios, y satisfacer amorosamente las necesidades sexuales de su marido como lo ordena 1 Corintios 7:3.

Dios creó a cada hombre y a cada mujer con ambos sistemas, el reproductivo y el sexual. Fundamentalmente, son dos sistemas separados con funciones separadas. Esta diferencia es más clara en la mujer. Por ejemplo, un embarazo puede ocurrir sólo cada nueve o diez meses, pero la mujer promedio quiere y necesita tener relaciones sexuales y orgasmos aproximadamente dos veces por semana. Además, observemos que en la menopausia, cesan el período menstrual y todas las actividades reproductivas, pero el deseo y la necesidad sexual de la mujer continúa por toda la vida. Por eso, su sistema reproductivo y su sistema sexual son dos sistemas separados, con funciones separadas.[1] Estos, y otros hechos, indican que el plan creado por Dios para la mujer es que disfrute del sexo en el matrimonio durante toda su vida. La esposa no debe sentirse culpable porque sigue teniendo necesidades sexuales, porque esta necesidad fue creada por Dios. Y el esposo necesita comprender la naturaleza de su esposa, que le fue dada por Dios, y amorosamente satisfacer las necesidades sexuales de ella, como lo manda 1 Corintios 7:3. La comprensión de estos hechos debe ayudar a estabilizar la vida familiar, a evitar las relaciones extraconyugales, y a mantener frescos y significativos el matrimonio y el sexo.

LA NECESIDAD DE ROMANCE DE LA ESPOSA

Otro gran problema que se atraviesa en el camino hacia la felicidad sexual en el matrimonio es la falta de consciencia del esposo en cuanto a la necesidad de romance que tiene la esposa durante los días y las horas previas a las relaciones sexuales. Si la pareja procede de manera romántica antes de la relación sexual, su experiencia será romántica y satisfactoria. Un esposo puede conocer los mecanismos

---

1 Se habla de esto con mayores detalles en el libro *Sexual Understanding Before Marriage* [El conocimiento sexual antes del matrimonio], Zondervan, 1971, pp. 165-171.

de las técnicas físicas, y no entender las necesidades emocionales de su esposa, que son necesarias para su satisfacción sexual normal. O puede estar consciente de sus necesidades emocionales y sencillamente negarse a satisfacerlas.

Es fácil para un esposo caer en el hábito de llegar a casa después del trabajo, cansado o de mal humor, y quejarse de todo. Luego, de forma milagrosa, después que se han acostado, repentinamente se vuelve "romántico", con lo que indica que quiere relaciones sexuales. Rara vez una esposa encontrará excitante este cambio de último minuto. Esto no quiere decir que esté molesta o que quiere desquitarse de algo, sino que sabe que su afecto repentino se iguala a su necesidad de satisfacerse sexualmente. Por consiguiente, le resulta fácil pensar que está siendo utilizada. Una vez que se casa, el esposo con frecuencia olvida tener pequeñas atenciones para con su esposa durante la cena. No piensa en rodearla con sus brazos mientras miran la televisión. El "inocente" (sin intención sexual) agarrarse las manos y besarse del que ambos disfrutaban durante el noviazgo, han prácticamente desaparecido. Los esposos deben comprender que toda esposa necesita ser abrazada, que se le diga que se la ama, que se la bese con ternura. Necesita cariño, dulzura y caricias, sin que esto lleve automáticamente a la cama. Su deseo de romance no es un hábito egoísta, sino una necesidad creada por Dios.

Cuando una esposa es galanteada de manera espontánea por su esposo, su amor propio y su confianza en sí misma aumentan. Ella necesita ser amada por ser la persona que es, por ser esa persona especial: la Sra. de Alvarez, esposa de Luis Álvarez. Necesita ser amada por ser *quién es*, no por *lo que* ofrece: sus favores sexuales. Cuando un esposo le expresa regularmente amor y aprecio a su esposa en diversas formas románticas, no tendrá que preocuparse por si ella le satisfará o no sus necesidades sexuales. Esto ocurrirá automáticamente, así como al día le sigue la noche.

Se ha estimado que una pareja de casados disfruta de una relación "en una sola carne" una hora de cada ochenta horas. Entonces, ¿qué de las otras setenta y nueve horas? El grado de plenitud sexual en el matrimonio está determinado por el grado de romanticismo entre el esposo y la esposa durante esas setenta y nueve horas restantes. En esas relaciones debe haber bondad, ternura, gentileza, abnegación, y un amor confiado, especial, íntimo y creativo.

CÓMO MANTENER INTERESANTE
EL SEXO EN EL MATRIMONIO

Para mantener interesantes el sexo y el matrimonio, las parejas necesitan pasar tiempo juntos para que haya comunicación mutua, libre y continua. Necesitan pasar mucho tiempo hablando, caminando, tomándose de la mano, riendo, jugando, escuchándose, estimulándose y planificando. Los esposos deben desayunar juntos y planificar en ese momento los asuntos del día, y siempre que sea posible deben hacer juntos las demás comidas. Cada día deben tener juntos un tiempo de lectura devocional de la Biblia y oración. Necesitan hacer ejercicio y recrearse juntos, haciendo cosas tales como atender el jardín, trotar, jugar tenis, golf, bádminton, etc. y cultivar otros pasatiempos. Deben pasar algunas noches participando en alguna actividad especial fuera del hogar. Los esposos pueden descubrir que leer un libro juntos es una experiencia muy agradable. Uno de ellos puede leer y el otro escuchar, deteniéndose cuando lo deseen para considerar lo que han leído. Mi esposa y yo leemos aproximadamente diez libros al año juntos.

Al final del día, los esposos debieran acostarse juntos. Deben conversar acerca de lo que ocurrió durante el día y de los planes para el día siguiente. Cada noche debe haber algún contacto físico y alguna expresión de amor, que puede variar desde una sencilla arrimadura hasta una completa relación sexual. En la mañana debe haber un alegre "buenos días" y un sencillo y amoroso abrazo. La relación total requiere un constante flujo de ideas, sentimientos y expresiones amorosas entre el esposo y la esposa. Por lo general, este tipo de unión está coronado por la plenitud sexual y erige una elevada pared de piedra entre ellos y las relaciones extraconyugales.

Recomiendo que todas las parejas celebren su *"mesiversario"* (un aniversario de bodas cada mes). Si, por ejemplo, la boda fue un 10 de junio, la pareja celebrará el día 10 de cada mes como una ocasión especial. Pueden vestirse de forma especial, salir a comer, jugar sus juegos favoritos, tener una oración de acción de gracias, leer su poesía de amor preferida, repetirse los votos matrimoniales y cosas por el estilo. Esto puede variar cada mes. Además, recomiendo que, de ser posible, todas las parejas pasen dos noches fuera del hogar, en un lugar donde puedan estar a solas, dos veces al año. Si tienen hijos, alguien responsable pudiera cuidar de ellos. Cuando los esposos se sientan solos en un tranquilo restaurante, a la luz de las velas, y se miran a los ojos, la rutina del hogar, las diferencias, las tensiones y los problemas tienden a desaparecer, y resplandecen los sentimientos de perdón, aprecio y amor.

La institución del matrimonio no es la responsable de los problemas sexuales. Estos son causados por la falta de conocimiento o por la conductaególatra y pecaminosa de los seres mezquinos. La plenitud sexual en el matrimonio requiere que los esposos sean creyentes maduros, comprometidos y consagrados; que se amen el uno al otro; que tengan tiempo el uno para el otro; que pongan primero al otro, y que vivan para desarrollar el potencial el uno del otro hasta alcanzar el pleno cumplimiento del plan creativo de Dios para ambos.

Quiero hacerles a los esposos y a las esposas una pregunta: "¿Recuerdan la creatividad, la determinación, el tiempo, la energía, los regalos, los cumplidos, la amabilidad y la delicadeza que emplearon durante el proceso de cortejo que los llevó a aceptarse mutuamente y a casarse?" Para mantener fresco e interesante el matrimonio y el sexo, midan ese proceso y multiplíquenlo por dos.

Apéndice I

Descripción de los métodos de investigación

Nuestra investigación en cuanto al ajuste sexual en el matrimonio, que involucró a ciento cincuenta y una parejas, surgió de nuestra enseñanza sobre matrimonio y familia en la clase de sociología, tal como dijimos en el capítulo 1. El plan consistió en darles a las parejas un asesoramiento a fondo en cuanto al ajuste sexual en el matrimonio, y proseguir después con un cuestionario detallado para medir el nivel de ajuste sexual después del matrimonio.

Las parejas solicitaron voluntariamente el asesoramiento prematrimonial. El asesoramiento implicó tres pasos separados. Unas semanas antes del día de la boda se les dio el libro *Sex Without Fear* [El sexo sin temor] de Lewin y Gilmore (Medical Research Press) y se les pidió que lo leyeran cada uno por su lado. Después de leer el libro se les dio la prueba *Sex Knowledge Inventory* [Inventario del conocimiento sexual], planilla X. Este examen contiene información con respecto al ajuste sexual en el matrimonio. Por último, cada pareja vino a mi casa donde, en privado, nos sentamos juntos alrededor de una mesa durante un promedio de dos horas y media para yo darle detalles sobre el ajuste sexual en el matrimonio. Cada entrevista comenzaba con oración. Varias veces, durante la entrevista, se leían pasajes bíblicos para ayudar a las parejas a entender que las técnicas que se describían se fundamentaban en conceptos cristianos. La rutina de asesoramiento empleada en la entrevista aparece en los capítulos 4, 5 y 6 de este libro. El fin de la entrevista era discutir en detalle ideas y problemas que pudieran ser motivos de curiosidad y ansiedad para las parejas que esperaban casarse. Podían hacer las preguntas que quisieran, en cualquier momento de la entrevista. Muchas veces, las parejas llegaban con cierta ansiedad, pero pronto se relajaban y compartían con toda libertad el espíritu de la entrevista. Al final de la entrevista, la pareja se ponía a conversar tranquilamente conmigo en cuanto a la relación del sexo con la vida cristiana, y a su futura vida de casados.

Cuando ya no había más preguntas que hacer, yo les decía a la pareja lo siguiente: "Esta entrevista es mi regalo de bodas para ustedes. Bajo ningún concepto tienen que pagarme por este servicio. Ahora bien, quiero pedirles un favor. Sin que se percataran de ello, al venir en busca de asesoramiento, ustedes se convirtieron en miembros potenciales de mi muestra de investigación. Cuando tengan seis meses de casados, quiero enviarles un cuestionario detallado que evaluará su experiencia de ajuste sexual. Cuando hayan llenado cuidadosamente el cuestionario juntos, y me lo hayan devuelto por correo sin identificarse, yo les enviaré por correo una copia de mis descubrimientos, sin ningún gasto para ustedes.

"Como ven, es muy difícil encontrar información objetiva con respecto a este tema. Imaginemos que nunca nos hubiéramos visto, que fuéramos extraños por completo. Supongan que después de que tuvieran seis meses de casados, viniera yo a su casa y les dijera que soy profesor de sociología de cierta universidad, que estoy haciendo una investigación acerca de la vida familiar, y que deseo hablar con ustedes con respecto a su vida sexual. Lo más seguro es que me tirarían la puerta en las narices, y tendrían todo el derecho de hacerlo.

"Pero esta es una situación diferente. Ustedes vinieron a esta entrevista por iniciativa propia. Ambos me conocen como uno de los profesores de la universidad. Han asistido a mis clases de sociología. He invertido bastante tiempo en ayudarlos en asuntos que son de vital importancia para ustedes. Tanto ustedes como yo entendemos los intereses y los motivos que nos animan. Nuestra relación como hermanos en Cristo es tal que ustedes pueden confiar en mí para mantener en estricta y total reserva profesional la información que ustedes me darán con respecto a su vida sexual. Este tipo de relación entre consejero y aconsejados les permitirá ser francos, objetivos y precisos. Esta clase de investigación tiene un valor muy grande. La mejor fuente de información con respecto al ajuste sexual en el matrimonio se encuentra en la experiencia de las parejas recién casadas. El que ustedes participen en esta investigación no sólo les será de ayuda personal, sino que se me unirán en un gran proyecto de investigación que puede ser de gran ayuda en el futuro para muchas otras excelentes parejas como ustedes."

Todas las parejas que fueron asesoradas acordaron cooperar con la investigación y 98% de ellas llenaron los cuestionarios. Al ser recibidos por nosotros, se hizo una tabulación provisional de los primeros treinta y tres, y posteriormente de los primeros cien. Los descubrimientos se usaron para mejorar la rutina de asesoramiento y son fundamentales para este libro. Sería imposible separar el asesoramiento de la investigación. Se desarrollaron juntos mediante la experiencia del consejero con las parejas asesoradas. Este hecho hace del estudio algo único.

De las 150 parejas de nuestra muestra, 98% eran miembros de una iglesia; 92% eran bautistas; 83% de los esposos y 96% de las esposas habían asistido a la escuela dominical de forma regular durante la niñez y la juventud. Un 76% de los esposos y 79% de las esposas habían sido maestros de la escuela dominical; 73% habían dado de manera sistemática el diezmo de sus ingresos en su iglesia; 86% (de las parejas) leyeron la Biblia y oraron en forma audible la noche de bodas. El 90% tenían un tiempo devocional en familia de manera regular; 90% oraban antes de las comidas y 96% de los esposos y 93% de las esposas dirigían públicamente en oración a la congregación en actividades de la iglesia. Y se puede decir, con toda seguridad, que entre 90 y 95% de los miembros de la muestra, eran creyentes activos y dedicados.

Apéndice II

Descubrimientos de la investigación

Porcentajes y promedios de los cuestionarios llenados en un período de seis meses a dos años después de casados, cincuenta y una parejas que recibieron asesoramiento prematrimonial, como se ha descrito en los capítulos 2, 3, 4, 5 y 6 de este libro.

Instrucciones para la interpretación de estos descubrimientos: Al interpretar los siguientes porcentajes, promedios y otros hallazgos, las parejas deben tener cuidado al comparar sus propias experiencias con las cifras halladas en esta encuesta. Un promedio no implica necesariamente una norma. El sexo varía en los hombres y en las mujeres, tanto como varía la estatura entre ellos. Ni el ser alto ni el ser bajo se podría considerar anormal. Estos descubrimientos pueden ser de ayuda para cualquier pareja de casados. También pueden ser de ayuda a los consejeros en el momento de guiar a las parejas casadas que necesitan ayuda, o a las parejas que han hecho planes para casarse.

1. ¿Consideraron alguna vez con seriedad la posibilidad de casarse en secreto?

   Sí   8,0%   No   92%

2. ¿Cuánto tiempo antes de su matrimonio comenzaron a considerar juntos, con franqueza, las actitudes personales y los detalles completos con respecto al sexo?

   23,5%   Antes de comprometerse
   26,8%   Inmediatamente después de comprometerse
   18,8%   Seis meses antes del matrimonio
   20,8%   Tres meses antes del matrimonio

8,1%	Un mes antes del matrimonio
1,3%	Una semana antes del matrimonio
0,7%	No antes de la luna de miel

3. ¿Tuvieron algunas experiencias durante la niñez o la juventud que les diera la impresión de que el sexo era malo o desagradable?

Esposo	Sí	30,2%	No	69,8%
Esposa	Sí	33,3%	No	66,7%

4. ¿Les enseñaron sus padres, por implicación o con palabras directas, que practicar el sexo premarital era malo?

Esposo	Sí	88,2%	No	11,8%
Esposa	Sí	93,4%	No	6,6%

5. ¿Sintió alguno de ustedes cierta inquietud o vergüenza durante el período de asesoramiento conmigo por nuestra consideración franca y detallada de los ajustes sexuales en el matrimonio?

Esposo	Nada	84,2%	Un poco	15,8%
	Bastante	0%		
Esposa	Nada	75,7%	Un poco	22,9%
	Bastante	1,4%		

6. ¿Les dio la entrevista de asesoramiento información con la que no estaban al corriente?

Esposo	Ninguna	2,8%	Muy poca	11,2%
	Algo	48,3%	Mucha	37,8%
Esposa	Ninguna	0,7%	Muy poca	6,1%
	Algo	53,1%	Mucha	40,1%

7. ¿Qué asuntos considerados en la entrevista fueron los más significativos para ustedes?

Un resumen de respuestas aparece en la lista que sigue, en orden descendente, de acuerdo con el número de veces que apareció en las respuestas.

Cómo estimular y excitar a la esposa para que alcance un orgasmo

El uso de anticonceptivos

El procedimiento detallado de la relación sexual

Sugerencias de qué hacer y qué esperar en la luna de miel

La naturaleza del clítoris

La diferencia en cuanto al ritmo sexual entre los hombres y las mujeres

Cómo satisfacer las necesidades sexuales del esposo

La interpretación moral y espiritual de la relación sexual en el matrimonio

La eliminación de temores y curiosidad

La responsabilidad de los esposos de satisfacerse sexualmente entre sí

Cómo comprar anticonceptivos

La consideración del himen

El buen ajuste sexual toma tiempo

8. ¿Les recomendarían a otras parejas que piensan casarse que aprovecharan este servicio de asesoramiento o un servicio similar?

Esposo	A ninguna 0%	A algunas 4,1%	A todas 95,9%
Esposa	A ninguna 0%	A algunas 4%	A todas 96%

9. ¿Fueron a ver a un médico antes del matrimonio con motivo de su boda?

Esposo	Sí 36,2%	No 63,8%
Esposa	Sí 62,7%	No 37,3%

10. ¿Tuvo la esposa un examen pélvico antes del matrimonio que incluyera el himen, la vagina y la matriz?

Sí   54%   No   46%

(Nota: El consejero recomendó un examen pélvico a cada futura esposa durante la entrevista de asesoramiento prematrimonial.)

11. Cuanto tiempo le dedicó el médico que le hizo el examen pélvico?

Parecía apurado	21,4%
Le dedicó todo el tiempo necesario	78,6%

12. ¿Cómo considera su experiencia con el médico y la información que recibió antes de casarse?

33,8%	Muy satisfactoria
50%	Satisfactoria
12,2%	Insatisfactoria
4%	Muy insatisfactoria

13. ¿Han visto uno de ustedes o ambos a un consejero matrimonial o a un médico desde que se casaron con el propósito de lograr un mejor ajuste sexual?

Sí   12,4%   No   87,6%

(Nota: La mayoría de los que respondieron "sí", volvieron, por iniciativa propia, a ver a su primer consejero.)

14. Si su respuesta a la pregunta anterior fue "no", ¿ha tenido la sensación de que en realidad debe ver a un consejero matrimonial?

Sí   7%   No   93%

15. ¿Tuvo su esposa alguna vez un examen pélvico en algún momento antes de su matrimonio con fines médicos? (Aquí no se trata del examen pélvico recomendado por su consejero.)

Sí   27,1%   No   72,9%

16. ¿Se vieron uno al otro desnudos la primera noche de su luna de miel?

Sí   79,2%   No   20,8%

Si la respuesta es sí, ¿dio esto lugar a temores o problemas emocionales?

Esposo	En absoluto	87,9%	Un poco	12,1%
	Bastante	0%		
Esposa	En absoluto	66,7%	Un poco	30,9%
	Bastante	2,4%		

17. Si las condiciones son propicias, ¿les recomendarían a otras parejas jóvenes que se vieran desnudos el uno al otro la primera noche de su luna de miel?

Esposo	Sí	92,5%	No	7,5%
Esposa	Sí	89,9%	No	10,1%

18. ¿Les aconsejarían a otras parejas que intentaran una experiencia sexual en la primera noche de luna de miel?

	Si no están fatigados:			Si están fatigados:		
Esposo	Sí	94%	No	6%	Sí	28,0%	No	72,0%
Esposa	Sí	94%	No	6%	Sí	23,1%	No	76,9%

19. Marque sólo una:

   (a) En nuestro primer intento sexual en nuestra luna de miel intentamos hacerlo todo, incluso la relación sexual y los orgasmos.

   84,5%

   (b) En nuestro primer intento sexual no tratamos de tener relaciones sexuales, pero en el proceso de aprender de forma gradual, simplemente tratamos de que el otro lograra el orgasmo mediante el juego amoroso y la estimulación directa.   15,5%

20. Cuál de las dos opciones anteriores le aconsejarían a otras parejas jóvenes?

   19(a) 70,5%   19(b) 29,5%

21. En su luna de miel, ¿de qué naturaleza fueron las complicaciones o las barreras a la relación sexual, si las hubo? Marque aquellas que correspondan:

   (a) No pudimos lograr que el pene entrara en el primer intento.   42,4%

   A veinte parejas les llevó entre tres y nueve días lograrlo. A seis parejas les llevó entre diez y treinta días.

   (b) La primera relación sexual fue dolorosa para la esposa.

   Un poco   52,3%   Bastante   28,5%

   A sesenta y tres parejas les tomó entre tres y nueve relaciones sexuales para que desapareciera el dolor. A otras diecisiete parejas les tomó entre diez y veinticinco relaciones sexuales para que cesara el dolor.

   (c) Si la relación sexual fue dolorosa, el motivo fue:

Biológico	47%
En parte biológico y en parte mental (temor y tensión)	49,6%
Principalmente mental	3,4%

22. Tuvo un médico que dilatar o cortar el himen, o ambos, antes o después de nuestro matrimonio para que pudiéramos tener relaciones sexuales.

   Sí   13,3%   No   87,7%

23. En su luna de miel, ¿disfrutó la esposa de la primera relación sexual? Marque todas las respuestas que se apliquen.

Fue decepcionante para mí.	5,3%
En realidad me sentí incómoda y me alegré cuando terminó.	4,6%
Aunque no disfruté físicamente, significó mucho para mí.	22,5%

La disfruté, pero tuve cierta tensión y temor.   21,2%

La disfruté porque fue la primera vez que pude
    entregarme por completo a mi esposo.   47,7%

La disfruté por completo, tanto mental, emocional,
    física como espiritualmente.   9,9%

(Nota: Este 9,9% involucró a quince esposas, ocho de las cuales dijeron tener un poco de dolor al comienzo de la primera relación sexual.)

*24. ¿Cuáles fueron sus ansiedades, temores y preocupaciones en su primera noche de bodas?

Ninguno	31%
Cierto temor y vergüenza	26,7%
Cierta ansiedad y curiosidad	15,5%
Temor al dolor	15,5%
Interés por la otra persona	10,1%
Temor a quedar embarazada	4,2%

*25. ¿Se bañaron antes de tratar de tener relaciones sexuales la noche de bodas?

Sí   50,7%   No   49,3%

26. ¿Alguno de ustedes ha sentido que su relación sexual como esposo y esposa puede ser un asunto vergonzoso o malo?

Esposo	Nunca	99,3%	Un poco (algunas veces)	0,7%
	Bastante	0%		
Esposa	Nunca	98%	Un poco (algunas veces)	2%
	Bastante	0%		

27. ¿Alguno de ustedes tiene un sentimiento de que su relación sexual como esposo y esposa sea un acto de virtud y pureza?

Esposo	Sí 95,9%	No estoy seguro 2,7%	No 1,4%
Esposa	Sí 93,8%	No estoy segura 5,5%	No 0,7%

28. Muchos consejeros matrimoniales opinan que el lograr un orgasmo físico es importante y necesario, pero que hacer hincapié en esto sólo es muy engañoso e insuficiente. Piensan que hay otros significados espirituales más profundos y más significativos en la experiencia sexual de los esposos. ¿Están ustedes de acuerdo?

Esposo	Sí	95,1%	No	4,9%
Esposa	Sí	96%	No	4%

29. Cuando la esposa está excitada por completo y lista para la introducción del pene, ¿necesita el esposo ayuda de la esposa en ese momento para mejorar su erección y preparación para el coito?

    Nunca 69,4%   De vez en cuando 27,3%   A menudo 3,3%

30. ¿En promedio, cada cuánto tiempo tienen ustedes relaciones sexuales?

    Una vez cada 3,3 días

31. ¿Cuántas veces les gustaría tener relaciones sexuales y orgasmos si tuvieran esa experiencia cada vez que en realidad lo desearan?

    Esposo: cada 2,7 días   Esposa: cada 3,2 días

32. ¿Cuáles han sido los principales factores, si los hubo, en su experiencia juntos que les han impedido tener una buena relación sexual?

    A continuación aparece un resumen de las respuestas dadas, en orden descendente de acuerdo con el números de veces mencionado.

    Fatiga y cansancio
    Falta de tiempo debido a las responsabilidades de trabajo
        o de estudio
    Lentitud de la excitación de la esposa
    Dificultad del esposo para controlarse a sí mismo y esperar
        a la esposa
    Trabajar o estudiar hasta tarde
    Por motivos de trabajo nos acostamos a diferentes horas
    Problemas con los anticonceptivos
    Falta de privacidad
    Temor a quedar embarazada

33. En el último año el momento del día en que hemos tenido relaciones sexuales ha sido:

    Por la mañana   8,6%   Por la tarde   12,5%
    Por la noche   78,9%

34. Aproximadamente qué porcentaje de sus experiencias sexuales son:

    Espontáneas   67,9%   Planificadas con anterioridad   32,1%

35. Cuando sus experiencias sexuales son planificadas con anterioridad, ¿quién las sugiere?

> El esposo el 68,6% de las veces.
> La esposa el 31,4% de las veces.

36. Desde que se casaron:

Hemos usado una cama matrimonial todo el tiempo	96,6%
Hemos usado camas chicas todo el tiempo	0%
Hemos usado ambos, pero usamos una cama matrimonial la mayoría de las veces	2,7%
Hemos usado ambos, pero usamos las camas chicas la mayoría de las veces	0,7%

37. De acuerdo con nuestra experiencia, les recomendamos a otras parejas jóvenes que van a casarse que usen:

> Una cama matrimonial   98,7%   Camas chicas   1,3%

38. Dando por sentado que gozan de privacidad, ¿qué prefieren durante la relación sexual?

	Esposo	Esposa
Que esté completamente iluminado	0,8%	0,0%
Que haya poca luz	50%	47,5%
Que esté completamente oscuro	24,6%	10,1%
Les es igual	24,6%	42,4%

39. ¿Afecta negativamente el cansancio la relacion sexual?

Mucho más al esposo	9,4%
Mucho más a la esposa	37%
A ambos por igual	53,6%

40. Después de relajarse del cansancio y la fatiga por un razonable período de tiempo, ¿tendrían una experiencia sexual placentera?

Nunca	2,4%
Algunas veces (entre 0 y 50% de las veces)	52,9%
A menudo (entre 50 y 75% de las veces)	25%
La mayoría de las veces (entre 75 y 100% de las veces)	19,7%

41. Suponiendo que están cansados, ¿les recomendarían a otras parejas que tengan una experiencia sexual deseada, después de un período de relajamiento?

Sí 92,3%   No 7,7%

42. ¿Ha alcanzado alguna vez el esposo un orgasmo no planificado mientras estaba en el proceso de excitar a su esposa para la relación sexual?

Nunca 55%   Pocas veces 40,4%   Varias veces 4,6%

43. ¿Ha experimentado el esposo algunas eyaculaciones prematuras? (Esto se refiere a la calidad. La pregunta 42 considera sólo el tiempo.)

Sí 29%   No 71%

(Nota: Este 29% parece ser muy alto. Quizás sea necesaria más investigación en cuanto a esto.)

44. Para el esposo:

Un orgasmo es suficiente en una experiencia sexual.   97,8%
Parece necesitar más de un orgasmo en cada experiencia.

2,1%

45. ¿Es la experiencia sexual definitivo para la esposa, es decir, puede lograr un orgasmo definitivo (clímax) en sus experiencias sexuales?

Sí 96,1%   No 3,9%

46. ¿Cuándo fue el momento específico desde su boda en que la esposa obtuvo éxito por primera vez en alcanzar un orgasmo ya sea por estimulación directa o por relación sexual? (Marque una)

En el primer intento durante la luna de miel.   29,2%
Antes que terminara la luna de miel.   49,6%
No experimentó un orgasmo durante la luna de miel.   21,2%

47. ¿Cómo alcanzó su esposa su primer orgasmo? (Marque una)

Mediante la estimulación directa del clítoris sin relación
sexual.   39,6%
Mediante la relación sexual después de un período de
estimulación directa.   50,7%
Mediante la relación sexual sin estimulación directa.   9,7%

48. ¿Con qué frecuencia tienen éxito los intentos de ella por alcanzar un orgasmo?

Siempre   38,6%
La mayoría de las veces   57,1%
Menos de la mitad de las veces   4,3%
Rara vez   0%

(Nota: La mayoría del 4,3% representa a las parejas en las que el esposo desea tener relaciones sexuales todos los días.)

49. ¿Varían los orgasmos de ella, de tiempo en tiempo, en intensidad?

Nunca   6,5%   De forma ligera 84,7%
De forma considerable 8,8%

50. De manera aproximada, ¿cuánto tiempo le llevó a la esposa alcanzar su primer orgasmo?

17,1 minutos (en promedio)

51. De manera aproximada, ¿cuál es el promedio de tiempo que le lleva ahora a la esposa alcanzar un orgasmo?

10,2 minutos (en promedio)

52. ¿Cuál es el espacio de tiempo más corto en el que la esposa ha alcanzado un orgasmo?

5,3 minutos (en promedio)
21,2% de las esposas han experimentado un orgasmo en tres minutos o menos.
10% de las esposas han experimentado un orgasmo en dos minutos o menos.
3,3% de las esposas han experimentado un orgasmo en un minuto o menos.

53. Para la esposa:

Un orgasmo parece ser suficiente para satisfacer sus necesidades.   76,4%
Más de un orgasmo parece ser necesario algunas veces. 20%
Más de un orgasmo parece ser necesario la mayoría de las veces.   3,6%

54. Cuando la esposa es excitada hasta casi llegar al orgasmo, ¿puede alcanzar el orgasmo después de la penetración durante el proceso de las relaciones sexuales sin más estimulación directa del clítoris?

Sí   58,7%   No   41,3%

55. ¿Puede la esposa alcanzar un orgasmo mediante el proceso de las relaciones sexuales sin ser excitada por estimulación directa?

Sí   40,4%   No   59,6%

56. ¿Ha experimentado la esposa orgasmos prematuros, es decir, que cuando ha sido excitada por estimulación directa, tuvo un orgasmo antes de que ocurriera la penetración planificada?

Nunca   73,3%   De vez en cuando   22,9%
A menudo   3,8%

57. ¿Les ha sucedido alguna vez que alcanzaron sus orgasmos a la vez durante las relaciones sexuales?

Todavía no   20,8%
Algunas veces   43,2%
La mayoría de las veces   22,3%
De manera regular   13,7%

(Nota: En la entrevista de asesoramiento prematrimonial, el consejero instruyó a las parejas en técnicas a seguir para tener orgasmos simultáneamente, pero indicó que a muchos consejeros matrimoniales les parece que esos orgasmos simultáneos pueden no ser de importancia vital.)

58. Si no han alcanzado sus orgasmos a la vez de forma regular, ¿cuál de los dos por lo general lo alcanza primero?

Por lo general la esposa lo alcanza primero.   38,2%
Por lo general el esposo lo alcanza primero.   35,7%
Varía   26,1%

(Nota: A las parejas se les aconsejó que, de ser posible, lo mejor es que la esposa alcance primero su orgasmo.)

59. Mientras la esposa es excitada para tener un orgasmo:

Tiene que concentrarse sólo en sí misma.   17,6%
Se puede excitar mientras le da parte de
    su atención a su esposo.   82,4%

60. ¿Ha habido veces en que la esposa ayudó al esposo a tener un orgasmo sin tratar de tener un orgasmo ella misma?

Nunca	8%
Una o dos veces	45,7%
Varias veces	46,3%

(Nota: A las parejas se les aconsejó que este procedimiento era normal en algunas circunstancias limitadas.)

61. ¿Ha ocurrido que el esposo ayudó a la esposa a tener un orgasmo cuando él mismo no quería un orgasmo ni trató de alcanzarlo?

Nunca	47,1%
Una o dos veces	35,3%
Varias veces	17,6%

(Nota: A las parejas se les aconsejó que este procedimiento era normal en algunas circunstancias.)

62. Una técnica para llegar juntos a un orgasmo (después de que la esposa ha sido excitada por completo mediante el juego amatorio y la estimulación directa del clítoris) es que la esposa se estimule el clítoris mientras el esposo cambia de posición e inicia la relación sexual. (Marque uno)

Nunca hemos usado esta técnica.	71,6%
Hemos usado esta técnica con éxito.	16,2%
Solíamos usar esta técnica pero ya no necesitamos usarla.	12,2%

(Nota: A las parejas se les aconsejó con respecto a la posibilidad de utilizar esta técnica en caso de necesidad.)

63. De manera general, la intensidad de mis orgasmos es:

	Esposo	Esposa
Muy suave	0%	3.8%
Suave, pero definitivo y agradable	14,2%	29.8%
Muy intenso y agradable	67,2%	51.1%
Extremadamente intenso y agradable	18,6%	15.3%

64. ¿Ha tenido la esposa alguna vez un orgasmo sin el coito y sin ninguna clase de estimulación directa del clítoris? En otras palabras, ¿puede ella algunas veces excitarse a sí misma hasta tener un orgasmo por el uso de la mente, pensando en el amor y el sexo?

Sí 6,3%   No 34%   Nunca hemos tratado 59,7%

65. Los consejeros dicen que algunas mujeres se excitan sexualmente en sueños y experimentan orgasmos. ¿Ha experimentado la esposa orgasmos en sueños?

Nunca 86%   De vez en cuando 14%   Con frecuencia 0%

66. Si han tenido un embarazo, ¿se provocaron orgasmos mutuamente mediante la estimulación directa durante el tiempo antes y después del nacimiento del niño, por haberles dicho el médico que no debían tener relaciones sexuales?

El esposo estimuló a la esposa:

Antes	Sí	58,8%	No	41,2%
Después	Sí	40%	No	60%

La esposa estimuló al esposo:

Antes	Sí	71,4%	No	28,6%
Después	Sí	66%	No	34%

(Nota: A las parejas se les aconsejó de forma positiva en cuanto a esta posibilidad.)

*67. ¿Sabe el esposo cuándo la esposa tiene un orgasmo?

Siempre	52,9%
La mayoría de las veces	40%
Algunas veces	7,1%
Nunca	0%

*68. Marque las respuestas que se apliquen:

La esposa le da una señal verbal al esposo cuando ella está llegando a su orgasmo.	22,5%
La esposa no le da una señal verbal al esposo cuando ella está llegando a su orgasmo.	29,8%
Cuando la esposa está llegando a su orgasmo se encuentra tan concentrada en la experiencia que no se lo indica al esposo.	26,8%
El esposo puede saber siempre cuando la esposa está llegando a su orgasmo sin necesidad de una señal.	53,5%

*69. Para el esposo: Describa dos o tres de las acciones de la esposa que le indican que ella está teniendo un orgasmo. Las respuestas de los esposos fueron:

Respiración rápida y profunda	55%

Aumentó sus movimientos	47%
Contracciones y rigidez del cuerpo, los brazos y las piernas.	35%
Abrazos y apretones más intensos	25%
Orgasmo seguido de un suspiro profundo y relajamiento	24%
Contracciones de la vagina.	15%
Expresión facial tensa.	5%

*70. En el coito, cuando el esposo tiene el orgasmo primero, ¿es posible que la esposa continúe tratando de tener el suyo cuando él finaliza o poco después?

Siempre	6%
La mayoría de las veces	42%
Menos de la mitad de las veces	32%
Nunca	20%

71. En cuanto a las posiciones en las relaciones sexuales: (Marque todas las que se apliquen)

Usamos la posición normal (hombre arriba) la mayoría de las veces.	63,6%
Nunca hemos experimentado con otra posición.	1,3%
Con frecuencia experimentamos con otras posiciones, pero por lo general usamos la posición normal.	53,6%
Usamos otra posición más de la mitad de las veces.	4%
Usamos otra posición la mayoría de las veces.	5,3%

*72. Para el esposo: ¿Qué relaciones con su esposa le dan la mayor excitación sexual? Marque primero, segundo y tercero de acuerdo con el grado de excitación.

	Primero	Segundo	Tercer	El total
El tocar	77,1%	18,6%	4,3%	191
El ver	11,8%	58,8%	29,4%	124
El pensar	16,6%	18,2%	65,1%	100

*73. Para la esposa: ¿Qué zonas del cuerpo, al ser estimuladas por su esposo le dan la mayor excitación sexual (omita el clítoris) tales como las orejas, los labios, el cuello, los senos, la espalda, los muslos, etc.? Enumérelas primera, segunda y tercera de acuerdo con el grado de excitación.

	Primera	Segunda	Tercera	El total
Senos	62,3%	27,2%	10,5%	173
Labios	18,8%	27,0%	19,2%	88
Muslos	11,6%	14,0%	22,8%	77
Cuello	2,9%	17,0%	26,3%	45
Orejas	2,9%	10,0%	15,7%	29
Espalda	1,4%	0,4%	5,3%	12

74. ¿Se comunican uno con el otro durante el período de excitación sexual?

No   7%   Un poco   67,6%   Mucho   25,3%

75. En cuanto al uso de lubricación artificial:

Nunca hemos necesitado lubricación artificial.	14,9%
Lo solíamos usar a veces, pero ya no lo usamos.	48,6%
Usamos lubricación artificial para estimular el clítoris, pero no para la relación sexual.	2,7%
Usamos lubricación artificial tanto para estimular el clítoris como para la relación sexual.	33,8%

76. En cuanto al control de la natalidad:

Nunca hemos experimentado con el método del "período sin riesgo" cuando no queríamos un embarazo en ese momento.	54,8%
Hemos experimentado con el método del "período sin riesgo" cuando no queríamos un embarazo en ese momento.	45,2%

77. ¿Han practicado "coitus interruptus" (retiro del pene antes del orgasmo)?

Nunca   8,1%   Algunas veces   30,4%   A menudo   1,5%

78. En cuanto al uso de anticonceptivos:

Nunca hemos usado anticonceptivos	6%
Usamos anticonceptivos de manera regular y con cuidado.	54%
Usamos anticonceptivos la mayoría de las veces, pero corremos riesgos.	40%

79. ¿Porcentaje de anticonceptivos comprados por el esposo?

86,1%

¿Porcentaje de anticonceptivos comprados por la esposa?

13,9%

80. Antes de casarse, ¿cómo era el período menstrual de la esposa?

Regular   52,6%   Algo irregular   34,6%

Muy irregular   12,8%

81. Después de casarse, aparte de la interrupción producto de un embarazo, ¿cómo ha sido su período menstrual?

Regular   56,1%   Algo irregular   39,9%

Muy irregular   4%

82. El período menstrual estuvo presente el día de bodas.

Sí   17%   No   83%

83. Inmediatamente después de su matrimonio (si se supone que no hubo un embarazo enseguida) ¿llegó su primer período menstrual a tiempo, adelantado o atrasado?

Para 62,8% el período llegó a tiempo.

Para 11,7% el período llegó con un promedio de 4,3 días de adelanto.

Para 25,5% el período llegó con un promedio de 5,6 días de atraso.

84. Antes de casarse, ¿tuvo la esposa dolores de vientre durante su período menstrual?

Ninguno   17,3%   Algunos   63,3%   Muchos   19,3%

85. Después del matrimonio, los dolores de vientre menstruales han sido:

Ninguno   15,5%   Algunos   72,3%   Muchos   12,2%

86. En cuanto a las relaciones sexuales y el período menstrual: (Marque las que se apliquen)

No tenemos ninguna relación sexual durante el período menstrual.   27,7%

No tenemos relaciones sexuales pero nos provocamos orgasmos durante el período menstrual.   18,1%

Tenemos relaciones sexuales algunas veces durante el período menstrual, pero tenemos algunas reservas al respecto.   41,9%

Ya que la mayoría de los médicos insisten en que no hay problemas, tenemos relaciones sexuales durante la menstruación sin reservas.   12,3%

87. Algunas mujeres sienten dolores durante el período de ovulación, cuando el óvulo deja el ovario. ¿Sufre la esposa esta clase de dolores?

Nunca 52,5%   Algunas veces 38%   Regularmente 9,5%

88. Con respecto al deseo sexual de la esposa y el ciclo menstrual: (marque "a" o "b")

a. El grado de intensidad es el mismo que durante todo el ciclo. Cambia muy poco.   29,1%

b. El grado de intensidad cambia durante el ciclo.   70,9%

Para las que marcaron "b", es mayor o menor durante el tiempo siguiente:

	Mayor	Menor
Pocos días antes del período.	32,5%	17,9%
Durante el período menstrual.	22,5%	21,2%
Pocos días después del período.	33,1%	9,9%
A la mitad del período menstrual.	24,5%	13,2%

89. Otros factores (como las responsabilidades, la fatiga, los problemas del día, etc.) en realidad afectan el deseo sexual de la esposa más que el ciclo menstrual.

Sí   85,6%   No   14,4%

90. Hay conflicto de opiniones acerca de la parte que juegan el clítoris y la vagina en los orgasmos femeninos. (Marque todos los que se apliquen en su caso.)

El orgasmo se encuentra mayormente en el clítoris.	39,1%
Se encuentra mayormente en la vagina.	4,6%
Se encuentra por igual en ambos.	9,9%
Se encuentra en ambos, pero más en el clítoris.	46,4%
Se encuentra en ambos, pero más en la vagina.	7,9%
El clítoris es el órgano que provoca el orgasmo.	66,2%
La vagina es el órgano que lo provoca.	6%

91. Al ser estimulado sexualmente, ¿aumenta el clítoris de tamaño?

Nada   8,2%
Poco   67,4%
Bastante   22,2%
Mucho   2,2%

92. Algunos libros afirman que los orgasmos femeninos se encuentran e implican todo el cuerpo, de la cabeza a los pies.

Totalmente de acuerdo   16,3%
De acuerdo   37%
No estoy seguro   36,3%
En desacuerdo   8,9%
Totalmente en desacuerdo   1,5%

*93. ¿Con qué frecuencia es su relación sexual ahora (comparado con el primer mes de la vida de casados)?

Más frecuente   5,8%
No tan frecuente   60,9%
Es la misma   33,3%

*94. Cuando terminan la relación sexual y los orgasmos, ¿con qué prisa sacan el pene?

Inmediatamente   4%
En 1 o 2 minutos   46%
En 3 o 4 minutos   30%
Después de 5 minutos o más   20%

*95. Después de sacarlo, ¿qué hacen?

Se levantan y se lavan   58,8%
Tienen una conversación cariñosa por unos minutos   41,2%

*96. Después de su relación sexual de noche, ¿quién se duerme primero?

El esposo   38%
La esposa   9,9%
Ambos a la vez   52,1%

97. ¿Cuál es su grado de satisfacción sexual hasta este momento?

	Esposo	Esposa
Excelente	58,5%	44,9%
Buena	32,6%	36,9%
Regular	7,4%	14,1%
Así	1,5%	2,9%
Pobre	0%	0,7%

98. ¿Qué pudiera aconsejarle la esposa a una mujer casada que ha estado casada por un año o más y no ha alcanzado un orgasmo? Piénselo bien y dé una cuidadosa respuesta.

Ver a un consejero matrimonial.	64%
Ver al médico de la familia.	62%
Más relajamiento y concentración.	33%
Tener una larga y franca conversación con el esposo.	16%
Tener un largo período de estimulación directa.	11%

---

* Las preguntas marcadas con un asterisco fueron contestadas por solo 80 de las 151 parejas de la muestra.

** A la primera elección se le asignó un valor de 3, a la segunda 2, y a la tercera 1.

Apéndice III

Algunas sugerencias para los pastores y otros consejeros

Las iglesias de una comunidad, con (1) sus fuertes lazos familiares y (2) sus conceptos cristianos con respecto al matrimonio y a la vida familiar, están en una situación ideal para tener un programa de asesoramiento matrimonial y prematrimonial eficiente. Aunque las responsabilidades de los pastores son muchísimas, la mayoría de ellos considera que el asesoramiento prematrimonial es su responsabilidad. Es así como debe ser. En algunos casos el pastor tal vez decida delegar algunas de las responsabilidades a su esposa, a sus ministros de educación cristiana, a algún miembro del equipo de trabajo de la iglesia o a algún otro líder miembro de la iglesia, tal como un médico, un trabajador social o un maestro. El pastor quizás decida usar cierto comité de la iglesia para ayudarlo a dirigir en el aspecto del asesoramiento. Si delega la responsabilidad del asesoramiento, necesita asegurarse de seleccionar a los líderes de la iglesia que tengan la actitud y personalidad apropiadas. El pastor deseará adiestrar bien a estas personas para este importante aspecto de la vida de la iglesia. Las siguientes sugerencias para pastores tienen que ver con la educación sexual de los jóvenes en general, así como con la entrevista formal de asesoramiento matrimonial y prematrimonial.

I. El asesoramiento prematrimonial debe comenzar con el adiestramiento de los padres de niños de edades comprendidas entre uno y ocho años de edad en cuanto a "cómo hablarles a sus hijos acerca del sexo". La esposa del pastor o alguna otra persona calificada en la iglesia se debe preparar para esta responsabilidad. Hay abundante literatura acerca de este asunto. Cada año o cada dos años la esposa del pastor debe dar una conferencia a la que invite a estos padres. En la reunión con ellos se les puede entregar alguna literatura. Al hacer esto, los niños podrán llegar a asociar el tema del sexo con el cristianismo y la iglesia desde un principio. Los padres jóvenes de la iglesia agradecerán esta información.

II. La iglesia debe planificar reuniones por separado para niñas (con edades entre los nueve y doce años) con sus madres, y para los muchachos de la misma edad con sus padres para ver una película o escuchar una conferencia acerca de la educación sexual. Se pueden utilizar diagramas ilustrativos. Estas reuniones deben ser destinadas a preparar a los muchachos y muchachas para el comienzo de la pubertad. Hay una ventaja al tener a los hijos y sus padres escuchando este tipo de conferencia juntos. Tenderá a promover la comunicación libre entre hijos y padres acerca del tema. A la mayoría de los padres les encantará este tipo de reunión patrocinada por la iglesia. Esta conferencia pudiera darla el pastor a los varones, y su esposa a las muchachas; o se le podría asignar esta responsabilidad a un líder responsable de la iglesia. Es indispensable que los que dirigen estas reuniones estén muy bien preparados. La literatura y las posibles películas o diapositivas pueden conseguirse en las agencias denominacionales.

III. Una reunión similar debe hacerse para los jóvenes (de edad de trece años en adelante) de la iglesia. La división por edades de todas las reuniones mencionadas es algo que se puede ajustar, para adaptarse a las necesidades específicas de cada iglesia. Estas reuniones se pueden planificar y llevar a cabo por algún líder denominacional especializado en dar estas conferencias y en ayudar a las iglesias pequeñas en este adiestramiento en cuanto a educación sexual.

IV. Si lo planifica bien, el pastor puede combinar en sus predicaciones teología cristiana y una interpretación cristiana en cuanto a la sexualidad, pudiendo así llevar a las personas de todas las edades de su congregación a un saludable nivel de pensamiento con respecto al propósito y a la naturaleza del matrimonio y de la sexualidad. Un pastor debe distinguir con cuidado entre (1) el uso del sexo en el matrimonio como ha sido planificado por el Creador y (2) el mal uso y el abuso del sexo como lo practican las personas promiscuas e inmorales. Al describir esto último, es necesario que emplee palabras tales como lujuria, adulterio, fornicación, lascivia, etc., pero el pastor tendrá que asegurarse de que los niños y los jóvenes en su público identifiquen sus palabras con el abuso del sexo y *no* con el sexo en sí. Todas las expresiones negativas acerca del sexo (y éstas son necesarias) deben ser seguidas por afirmaciones positivas con respecto al propósito y al significado del sexo como lo planificó el Creador. En su mensaje positivo, el pastor debe ser franco y utilizar palabras sencillas y exactas, pero siempre con la debida dignidad cristiana.

V. El pastor debe alentar a los padres de su congregación a que sean positivos en lugar de negativos al enseñar a sus hijos acerca del sexo. Es normal que los padres alerten a sus hijos acerca de los peligros de la promiscuidad sexual, porque tales advertencias son necesarias. Sin embargo, si cada advertencia es seguida por alguna idea positiva relacionada con el lugar del sexo en la vida cristiana, esto ayudará a los jóvenes en el desarrollo de actitudes saludables hacia la vida y tenderá a desarrollar una saludable relación padre-hijo. Un hábil liderazgo pastoral puede ser un baluarte de fortaleza para padres e hijos de una congregación en el aspecto de la madurez sexual.

VI. El pastor tiene el deber de planificar un programa de asesoramiento prematrimonial e informarle a su congregación acerca de la naturaleza y la disponibilidad del mismo. Un apropiado asesoramiento prematrimonial implica una serie de entrevistas entre el pastor y los novios. La entrevista debe incluir los detalles en cuanto a la ceremonia nupcial. Una segunda entrevista será para darles instrucciones en cuanto a la naturaleza espiritual y religiosa del matrimonio y las relaciones esposo-esposa. Pudiera haber otras entrevistas que consideran otros aspectos del matrimonio. Desde luego, debe haber una entrevista final en la que el pastor dará a la pareja algunas ayudas fundamentales en el aspecto del ajuste sexual en el matrimonio. Muchos pastores buenos han sido negligentes en cuanto a este tipo de ayuda. Este libro está diseñado de manera especial para ayudar a los pastores a dar esa ayuda dentro de un marco de referencia cristiano. La naturaleza de esta entrevista sería más o menos la siguiente:

1) El pastor puede darle a la pareja un ejemplar de este libro antes del día de la boda e instruirlos para que lean por separado los capítulos 2 al 6.

2) Pudiera ser mejor para el pastor que los comprometidos vinieran a su oficina o a su casa y que leyeran el libro de forma audible juntos, supervisados por el pastor.

3) Puede ser mucho más práctico que el pastor o su esposa lea a la pareja los capítulos 2 al 6 del libro, en la iglesia o en la casa del pastor, permitiéndoles hacer preguntas al final de cada capítulo.

4) Mejor aun, el pastor o su esposa pueden reunirse en forma privada con la pareja, en la iglesia o en la casa del pastor, y contestarles con detalles las preguntas que aparecen en los capítulos 2 al 6. Aunque esto pudiera implicar mucho más tiempo y energía, este toque personal sería un servicio extremadamente valioso a cualquier joven pareja a las puertas del matrimonio. El que una pareja lea un libro que trata de los aspectos sexuales del matrimonio es muy bueno, pero no pueden hacerle una pregunta al libro y recibir una respuesta. "Los libros... no sustituyen la tangible comprensión personal de un pastor..."[1]

Todas estas entrevistas comenzarán con oración y se llevarán a cabo en un ambiente tranquilo para demostrar a la pareja la actitud cristiana normal con respecto a la relación que hay entre lo espiritual y lo sexual en el matrimonio. Conviene hacer algún arreglo para que la pareja se lleve este libro en su luna de miel y para que se convierta en una parte permanente de su futura biblioteca.

---

1 Wayne E. Oates, *Where to Go For Help* [Dónde ir en busca de ayuda] (Philadelphia: The Westminster Press, 1957), p. 50.